AI 세무 실전 가이드

세무 업무의 파괴적 혁신

전문가 영역에서 최초로 AI 챗봇을 활용한 업무 자동화를 다룬 책

AI 세무
실전 가이드
세무 업무의 파괴적 혁신

AI TAX

최문진 지음

출간 전부터 빅4 대형 회계법인에서 강의 요청을 받은 바로 그 책

AI 챗봇이 예규 검색, 세무 상담, 불복이유서 등 문서 작성,
추론(논리적 사고)을 자동화해줍니다.
프롬프트와 응답, 모델과 기능을 그대로 따라할 수 있습니다.
AI 작동 원리를 익힌다면 응용이 가능해집니다.

★ ★ ★ ★ ★
세무 현장에
바로 적용할 수 있는
AI 챗봇 사용기

 조세통람

머리말

나의 꿈

2023년 챗GPT를 처음 사용했을 때, 세무 분야에서 AI 챗봇을 사용해 보고 싶은 업무는 세 가지였습니다.

첫 번째로, 세무 상담입니다. 하지만, 초기의 AI 챗봇은 사전 학습된 범용 지식만을 활용할 수 있었기 때문에, 최신의 예규, 판례를 지속적으로 반영해야 하는 세무 상담에 적합하지 않았습니다.

2024년 중반 이후 등장한 퍼플렉시티나 펠로 등의 AI 검색 에이전트들이 최신 예규와 판례를 반영하게 됨에 따라 세무 상담 실무에서도 인공지능을 사용할 수 있게 되었습니다. AI 검색 에이전트 등 챗봇의 종류와 기본적인 사용법은 본서의 '제2장 챗봇 선택하고 사용하기'에서 설명합니다.

두 번째, 맞춤형 AI 챗봇을 활용한 세무 상담입니다. 제가 10년 이상 공들여 써오고 있는 「조세특례제한법 해석과 사례」약 2,100

페이지 분량의 자료를 생성형 AI 챗봇에게 학습시킨 후, 조특법 분야의 세무 상담과 법률 해석 업무를 맡기는 꿈이었습니다.

이러한 맞춤형 AI 챗봇도 초기에는 업로드할 수 있는 파일 크기와 종류 등 여러 제한 사항으로 성과가 미흡했지만, 최근에는 챗GPT의 GPTs, 퍼플렉시티의 공간, 펠로의 주제모음 등 새로운 기능들이 실무에 활용 가능한 수준에 도달했습니다. 맞춤형 AI 챗봇의 종류와 중요 요소, 그 사용법 등에 대해서는 '제4장 나만의 챗봇 만들기'에서 다룹니다.

세 번째 꿈은 앞서 얘기한 「조세특례제한법 해석과 사례」 기본서 개정 업데이트를 AI 챗봇에게 맡기는 것입니다. 10년 이상 기본서를 써 온 필자이지만 많은 개정 내용을 업데이트하게 되면 상당한 시간이 소요되기 마련입니다.

기획재정부에서 발간한 개정 세법 책자를 AI 챗봇에게 입력시킨 후, 조특법 기본서 내용을 AI가 자동으로 업데이트 시켜 준다면 얼마나 편하겠습니까. 다만, 필자가 업데이트 업무를 시켜 본 결과 단순한 세율 개정 등은 업데이트할 수 있지만 복잡한 개정 내용은 쫓아오지 못하였습니다.

한편으로 생각해 보면, 아직 인간의 영역이 남아있구나 하는 안도감이 들기도 하지만, 이른 시일 내에 AI가 보다 복잡한 기본서 업데이트 작업까지 완벽히 수행할 수 있기를 기대해 봅니다. 세무 상담이나 법률 해석 등을 넘어서는 고급 업무에는 효과적인 프롬프트 작성 기법이 필요합니다. '제3장 Prompt Engineering'에서 다룹니다.

이외에도 본서의 '제1장 AI 챗봇으로 세무 업무하기'에서 AI 세무 상담의 강점과 활용 팁을 설명합니다.

'제5장 AI 챗봇의 세무 업무 사례'에서는 앞에서 배웠던 생성형 AI 챗봇, 맞춤형 AI 챗봇, 프롬프트 엔지니어링을 기반으로 한 실전 세무 사례들을 소개합니다. 그 사례들의 4가지 주된 영역은 세무 상담, 예규 검색, 의견서·불복 이유서·판례 평석 등 문서 작성 및 추론(reasoning, 논리적 사고) 영역입니다.

마지막으로 제6장에서는 AI가 세무 업계에 가져올 변화를 전망합니다.

실전 실용서

생성형 AI 챗봇은 방대한 데이터로 생성된 대형언어모델이어서, 범용성은 뛰어나지만 세무·회계 등 특정 도메인(분야)에 대한 전문성은 약합니다. 세무 등 특정 분야에서 활용하기 위해서는 AI 전문가보다 세무 분야의 전문 지식을 갖춘 사람이 생성형 AI 챗봇의 세무 사용기를 더 잘 쓸 수 있다고 확신하였기에 이 책을 시작했습니다.

또한, AI 챗봇을 만드는 작업은 코딩에 능한 이과의 영역이지만, AI 챗봇의 실제 활용은 어휘력과 맥락에 대한 이해도가 높은 문과의 영역입니다. 법률·회계·세무 등의 전문가들이 AI 챗봇을 더 잘 활용할 수 있습니다.

본서에서는 생성형 AI 챗봇에 대한 연혁이나 배경 설명, 이론적 접근은 최소화하였습니다. 대신 생성형 AI 챗봇을 쉽게 이해하기 위한 짧고 명료한 설명만을 담았습니다. 실무에서 어떤 AI 챗봇을 사용해야 하는지, 맞춤형 챗봇을 어떻게 만들어야 하는지 등 철저히 실무적인 접근을 담았습니다.

AI 모델, 기능과 프롬프트를 명확히 제시하여 무작정 따라 하기를 시전해도 충분히 세무 업무에 활용할 수 있도록 구성했습니다. 더 나아가 본서에서 간략히 제시된 AI 작동 원리를 익힌다면, 본인의 업무에 손쉽게 응용할 수 있을 것입니다.

마지막으로 기획과 편집에 많은 도움을 주신 조세통람사 편집부에 감사드립니다. 평소에도 많이 이끌어 주시고, 이번에는 특히 추천사까지 써 주신 정정훈 전 기획재정부 세제실장님과 늘 옆에서 함께 해주는 아내 정희에게 특별한 감사를 표합니다.

2025년 4월 13일
저자 최문진

추천사

  디지털 시대의 흐름 속에서 세무 행정과 실무가 빠르게 변화하고 있습니다. 정보의 양이 폭발적으로 증가하고 있으며, 업무의 복잡성 역시 높아지고 있습니다. 이러한 환경에서 세무 업무의 정확성과 효율성을 높이는 도구가 절실히 필요합니다. 「AI 세무 실전 가이드: 세무 업무의 파괴적 혁신」은 이러한 변화의 중심에 있는 AI 기술을 세무 전문가의 관점에서 명확하게 설명하며, 그 중요성과 활용 가능성을 매우 시의적절하게 다루고 있는 책입니다.

  저자는 10년 이상 세법 기본서를 집필해온 전문가의 경험을 바탕으로, AI 챗봇이 세무 업무를 어떻게 혁신할 수 있는지 실제 사례와 함께 설득력 있게 보여줍니다. 특히 세무 상담에서 예규 검색 시간을 획기적으로 단축하고, 조세불복 이유서, 판례평석과 같은 전문적 문서 작성을 자동화하는 방법을 상세히 설명한 점이 인상적입니다.

이 책의 가장 큰 장점은 실용성입니다. AI 모델 선택부터 기능 활용, 프롬프트 작성법까지 현장에서 바로 적용할 수 있는 내용을 담았습니다. 이론적 논의보다는 실제 현장 적용과 실무 활용에 초점을 맞춘 접근법이 특히 인상적이며, 세무 현장에서 즉각적으로 유용하게 활용될 수 있을 것이라 믿습니다.

세제 당국의 입장에서도, 이러한 기술 혁신이 세무 전문가들의 역량을 강화하고 납세자에게 더 정확한 서비스를 제공하는 데 기여할 것으로 기대합니다. 세법 해석과 적용에 있어 일관성과 예측 가능성이 높아진다면, 조세행정의 효율성과 납세자의 신뢰도 함께 향상될 것입니다.

세무 전문가들이 단순 반복적인 업무에서 벗어나 더 가치 있는 자문과 전략적 업무에 집중할 수 있게 해주는 이 책은, 세무 업계의 디지털 전환을 앞당기는 중요한 이정표가 될 것입니다. AI 기술의 발전과 함께 세무 전문성을 한 단계 더 높이고자 하는 독자들에게 이 책은 귀중한 통찰과 실무적 도움을 제공하는 훌륭한 길잡이가 되리라 생각합니다.

정정훈
전 기획재정부 세제실장

본서의 사용법을 간략히 설명합니다.

- 강조를 위해서는 본문에서 '파란색'으로 표시하고, 박스에서
  는 '밑줄'을 사용하였습니다. 박스 내에서 진한 표시는 마크다
  운에서 제목이나 강조를 표시하는 용도입니다. AI 챗봇 활용
  실전 팁은 💡 아이콘으로 명확히 구분하였습니다.
- 본문 내 자료 출처나 추가설명은 미주로 구성하였습니다. 본
  문 뒤에서 확인하실 수 있습니다.
- 외래어 표기는 대부분 원어민 발음을 따랐습니다.
- 본서에서 사용된 프롬프트 셋은 조세통람의 자사몰에서 다운
  받을 수 있습니다.

프롬프트 셋 다운로드 경로

이나우스몰(inausmall.com) → 고객지원센터 → 공지사항
→ 「AI 세무 실전 가이드」 프롬프트 셋

제3장

Prompt Engineering

나만의 챗봇 만들기

AI 챗봇의 세무 업무 사례

AI가 가져올 변화

제1장

AI 챗봇으로
세무 업무하기

AI 챗봇으로 세무 업무하기

1. AI 세무 업무의 강점

검색 시간 단축

필자는 수년 동안 조세통람사와 한국공인회계사회에서 일반 기업체와 세무 대리인을 상대로 세무 상담을 진행해 왔습니다. 과거에 세무 상담을 할 때면 조세포털에서 질의 내용에 가장 적합한 예규·판례를 찾기 위해 적게는 10분, 많게는 1시간 가까이 씨름했었습니다. 제 답변의 근거가 될 수 있는 예규·판례가 있어야 세무 상담이 소설이 아닌 다큐가 될 수 있기 때문이었습니다.

하지만, 2024년 가을부터 Perplexity Pro(이하 "퍼플렉시티")를 사용하고 나서부터는 보통 5분, 많아야 15분 이내에 세무 상담을 마치고 있습니다. 기록적인 시간 단축이라 할 수 있습니다. 거기에 답변의 품질도 훨씬 향상된 것을 체감하고 있습니다.

| 전통적 세무 상담 워크플로우 |

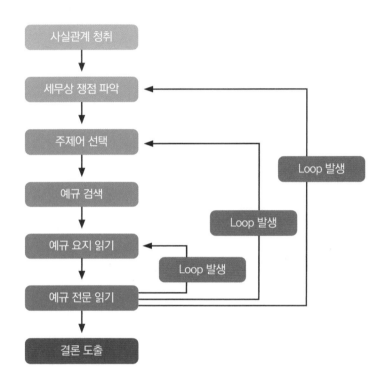

위에서 제시된 〈전통적 세무 상담 워크플로우〉 그림과 바로 뒤에 제시하는 〈AI를 활용한 세무 상담 워크플로우〉 그림은 이 책에서 3번째로 중요한 그림이니 주목해 주시길 바랍니다.

전통적 세무 상담 워크플로우를 잠시 떠올려 보겠습니다. 세무 대리인은 회사로부터 사실관계를 들으면서 세무상 쟁점을 파악합니다. 세무상 쟁점에 적합한 주제어를 선택하여 조세포털에서 예규·판례를 검색합니다.

조세포털은 입력된 주제어를 기반으로 가장 관련성이 높거나 많이 인용되는 예규·판례를 나열합니다. 검색 결과 페이지에 예규 번호와 요지가 10개씩 미리보기로 표시되며, 때로는 수십 페이지의 결과가 생성되기도 합니다.

미리보기 창의 요지만 빨리 읽으면서 사실관계에 적합한 예규인지를 판정합니다. 적합해 보이는 예규의 문서 번호를 클릭하여 종전 창 또는 새 창에서 예규의 전체 질의와 회신을 하나씩 읽습니다.

답변의 근거로 삼을 수 있는 예규를 찾으면 검색을 멈출 수도 있지만 하나만으로는 부족합니다. 복수의 근거 예규를 찾아야 검색을 그만둘 수 있습니다. 항상 적합한 예규만을 찾는 것도 아닙니다. 요지와는 다른 예규의 전개로 시간을 낭비하는 경우도 많습니다.

원하는 답이 나오지 않을 경우 주제어 선택을 다시 선택해야 하는 루프(Loop)도 많이 발생합니다. 이에 더해 세무상 쟁점을 다시 생각해 봐야 하는 루프도 발생합니다. 물론, 예규의 미리보기 페이지와 예규 전문 페이지 사이에서 오가기를 수차례 반복해야 하는 루프는 필연적으로 발생합니다.

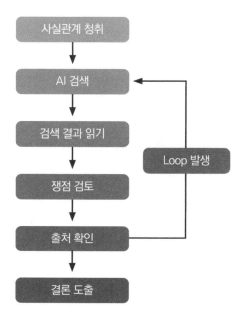

이번에는 AI 검색 에이전트를 활용한 세무 상담 워크플로우를 보겠습니다. 아래의 내용은 실제 퍼플렉시티의 답변에서 나타난 단계별 활동(Tasks)과도 일치합니다.

먼저 회사로부터 청취한 사실관계를 정리하여 AI 챗봇의 채팅창에 입력합니다. 이때 회사로부터 전화가 아닌 이메일로 사실관계를 수집하는 것을 권장합니다. 그대로 복사해 붙여 넣으면 끝나기 때문이죠. 회사와 전화로 통화하지 말고, 이메일로 사실관계를 정리해서 문의하도록 유도해야 합니다. 또한, 글로 쓰게 되면 더 명확하고 정리된 내용을 회사가 제공할 수 있는 장점도 있습니다.

채팅창의 질의에 맞추어 쟁점 정리와 주제어 선택은 대형언어모델(LLM; Large Language Model)이 해줍니다. 사실관계를 여러 단계로 나누어 가장 적합한 주제어를 선택해 검색 엔진을 작동시킵니다.

이제 검색 결과 보고서를 읽고 올바른 쟁점인지 그리고 출처가 정확한지 여부를 판단하면 됩니다. 여기에 세무 대리인의 지식과 경험이 중요한 작용을 하게 됩니다.

쟁점이나 출처가 틀렸다고 판단된다면 AI 검색을 교체하거나 프롬프트를 변경해서 재질의하면 됩니다.

그렇다면 AI 챗봇의 시간 단축은 어디에서 발생할까요?

첫 번째, 세무 대리인이 수행해야 했던 세무상 쟁점 파악과 주제어 선택을, AI 챗봇이 대신해 줍니다.

주제어 선택은 별론으로 하더라도, 세무상 쟁점 파악은 세무 상담에서 매우 중요한 작업입니다. 세무 대리인의 전문가적 소양이 필요한 분야입니다. 대형언어모델(LLM)은 범용성을 가진 모델이어서 세무 분야의 전문 지식이 부족하지만, 인공지능의 발전으로 대화의 맥락을 파악하는 능력이 사람을 따라잡고 있습니다.

두 번째, 전통적 세무 상담에서는 루프가 보통 세 번 발생합니다. 세무상 쟁점 파악 루프, 주제어 선택 루프, 예규의 미리보기와 예규 전문 사이의 루프입니다. 올바른 세무 쟁점을 파악하고 적절한 주제어를 선택하더라도, 확신을 가지기 위해서는 예규의 미리보기 요지와 전문 사이의 루프를 반복할 수밖에 없습니다. 하지만,

AI 검색 에이전트를 활용하면 검색 결과 중 의심스러운 내용에 한해서만 그 출처를 클릭하여 읽으면 그만입니다. 즉, 귀납적 접근이 아니라 연역적 접근이 가능합니다. 읽어야 하는 예규·판례의 개수가 현저히 줄어듭니다.

세 번째는 문서를 읽는 속도의 차이입니다. 사람은 일반적으로 분당 200~400단어를 읽을 수 있지만, AI는 초당 수백만 단어를 처리할 수 있습니다. 예를 들어, 사람이 300페이지짜리 문서를 완전히 읽고 이해하려면 약 8시간이 걸리지만, AI는 같은 작업을 몇 초 만에 할 수 있습니다. 이를 확장해서 세법 기본서 2,400페이지 책을 읽는 경우를 가정한다면 사람은 약 64시간, AI는 약 42초가 소요됩니다.

AI 챗봇을 활용한 세무 상담은 검색 시간을 드라마틱하게 줄여줍니다.

마지막으로 AI를 활용한 세무 상담이 만족스럽지 않을 경우를 대비한 대응 방안에 대해서 생각해 보겠습니다. 전통적 세무 상담에서 원하는 답이 나올 때까지 수십 개의 자료를 읽는 것과 유사하게 AI 챗봇을 수십 개 돌려야 할까요? 그렇지 않습니다.

AI 검색 에이전트의 외부 인터넷 검색 또는 맞춤형 AI 챗봇에서 본인의 내부 데이터베이스 검색을 통한 응답이 만족할 수준에 이르지 못했다면, 5~6개의 AI 모델을 돌려 보는 정도에서 AI 챗봇의 사용을 멈춰야 합니다. 이미 최적의 AI 챗봇을 사용하였다면 대형언어모델(LLM)을 바꿔보아야 답변이 크게 달라지지 않기 때문입니다. 활용할 수 있는 내부 또는 외부 데이터의 신뢰도와 퀄리티를 높여야 해결할 수 있는 문제입니다.

그렇다고 실망할 필요는 없습니다. 이미 대형언어모델을 통해서 질의의 맥락을 이해하였고 쟁점을 파악했으며, 추론을 통해서 근거의 충분한 검토가 이뤄졌기 때문입니다. 다시 전통적 세무 상담 워크플로우를 사용하여도 훨씬 효율적인 출발점에서 시작할 수 있습니다.

AI를 활용한 품질 관리 시스템

세무 대리인의 경우 혼자서 세무사무소를 개업하여 일하는 분이 많습니다. 그러나, 혼자서 일하게 되면 업무 결과에 대한 리뷰 절차가 없는 것이 단점입니다. 오랜 경력을 통해 상당한 수준의 전문성을 갖추더라도 복잡한 세무 업무에서는 주요 쟁점을 깜빡 놓치는 경우가 발생하기 마련입니다.

이와 같은 문제점이 있어 중대형 법인 고객은 빅펌(대형 회계법인)을 선호할 수밖에 없습니다. 빅펌의 경우 체계적인 리뷰 프로세스가 구축되어 있기 때문에 개인의 실수를 수정할 기회가 있습니다.

하지만, AI 챗봇을 사용하게 되면 나 홀로 개업한 세무 대리인도 업무 결과물을 객관적으로 검증 받거나 리뷰를 받을 수 있는 기회가 생깁니다. 챗GPT, 퍼플렉시티, 펠로(Felo), 클로드(Claude) 등 많은 AI 챗봇 모델이 존재하고, 하나의 챗봇 모델에서도 인터넷 검색 에이전트, 맞춤형 챗봇, 리서치 에이전트 등 여러 기능을 제공하기 때문입니다.

AI 챗봇을 통해 온라인상에서 또는 가상에서 다단계의 리뷰 프로세스를 만들고, 전문적이고 체계적인 품질 관리 시스템을 구축할 수 있습니다. 예를 들어, 외부 인터넷 검색을 통해 얻은 결과물과 본인이 축적해 온 내부 데이터베이스를 활용한 맞춤형 챗봇의 결과가 다를 경우, 세무 대리인은 본인의 전문적 경험과 판단력을 바탕으로 그 중 우월한 답변을 취사선택하면 됩니다.

대형 회계법인에서 매니저가 몇 명의 주니어 스탭과 함께 팀을 이루어 일하듯이, 개인 세무사무소도 충분히 많은 수의 AI 챗봇과 팀을 이루어 일할 수 있습니다. 사람 간의 업무 분장이 아니라 사람과 AI와의 업무 분장으로 인한 협업이 가능해집니다.

케이스 검색(맥락 검색)

앞서 '검색 시간 단축'에서 보았던 〈전통적 세무 상담 워크플로우〉를 다시 한번 떠올려 보겠습니다.

클라이언트로부터 사실관계를 청취하게 되면 세무 대리인은 우선 세무상 쟁점을 파악해야 합니다. 종래의 단어 기반 검색 방식에서는 적합한 주제어를 선택해야 합니다. 주제어가 잘못 선택되었을 때는 변경해야 하고, 하나로 선택했으나 너무 많은 결과가 나오면 검색어를 두 개, 세 개로 늘려 재검색해야 했습니다. 검색어를 띄어 써야 할지 붙여 써야 할지도 고민이었습니다.

그러나, 대형언어모델(LLM)은 띄어쓰기를 잘못해도 인식하는 데 전혀 문제가 없습니다. 사실관계에 가장 적합한 주제어를 자동으로 선택하여 단계별로 검색해 줍니다.

특히, AI 챗봇의 쟁점 파악 능력은 비약적으로 개선되었습니다. 세무 상담을 하다 보면 질의자가 쟁점을 모르는 경우가 많습니다. 두서없는 질문을 받다 보면 상담자가 쟁점을 끌어내야 하는데, 주어진 사실관계에서 쟁점을 파악하는 것도 쉬운 업무는 아닙니다. 하지만, 최근 들어 대형언어모델과 AI 검색 에이전트는 쟁점 도출에서 거의 오류가 없어졌습니다.

즉, AI 챗봇을 활용한 검색에는 쟁점 파악과 주제어를 선택해야 할 고민이 사라졌습니다. 회사로부터 사실관계 전체를 받아 그대로 채팅창에 붙여 넣는 방식으로 간단히 해결될 수 있습니다. 종래의 단어 검색이나 문장 검색 수준을 넘어, AI 검색 에이전트는 맥락을 이해하는 맥락 검색, 상황을 이해하는 케이스 검색으로 진화하였습니다.

케이스 검색은 사람의 노동과 시간을 더욱 절약해 주고 있습니다.

2. AI 세무 업무 잘하는 방법

경험이 능력이다

최근 출간된 AI 챗봇 사용기에 관한 책을 보면 AI를 많이 사용할수록 AI 활용 능력이 향상된다고 강조합니다. 이는 지극히 당연한 이야기입니다. 아직 AI의 작동 원리에 대해 많은 것이 밝혀지지 않은 상황이므로, 단지 알려진 작동 원리에만 의존할 것이 아니라 사용자 개인이 경험으로 체득할 수 있는 부분이 많습니다. AI 챗봇을 제대로 활용하기 위해서는 AI 작동 원리에 대해 기본적인 이해와 현업 프로세스에 대한 명확한 인식이 필요합니다.

특히, 문과생에게 AI 챗봇 활용 능력은 코딩 작성 등 생산자의 측면보다는 사용자의 측면이 중요합니다. 구체적으로, 특정 상황에서 어떤 AI 챗봇을 써야 할지, 또는 어떤 기능을 활용하는 것이 효율적일지를 판단하는 능력이 중요합니다. 예를 들어, 간단한 검색에 심층 리서치(Deep Research)를 사용하여 15분을 기다려야 한다면 시간 낭비입니다. 또한 복잡한 세무 상담에 빠른 서치를 사용하기보다는 여러 AI 챗봇 모델의 리서치 에이전트를 사용하여 비교 분석하여야 합니다.

사용자는 스스로 궁금한 점이나 모호한 부분이 생겼을 때마다 주저하지 말고 즉시 AI에게 질문을 던져야 합니다. 궁금증을 자제할 필요가 없습니다. 질문이 반복되거나 내용이 세부적일수록 AI는 사용자의 정확한 의도를 학습하여 더 정교한 답변을 제공할 수 있습니다. 그리고, 올바른 질문(right questions)을 찾는 데 더 집중하여야 합니다.

또한, AI는 질문에 지치거나 싫증을 내는 일이 없습니다. AI의 답변 속도는 인간의 그것을 훨씬 능가합니다. AI의 속도에 사람이 보조를 맞추다 보면 사람은 번아웃(burnout) 될 수 있어도 AI는 지치지 않습니다.

AI를 통해 세무 담당자는 일상적으로 마주치는 간단한 궁금증에서부터 복잡한 이슈까지 빠르고 쉽게 해결책을 찾을 수 있습니다. AI를 활용하는 큰 이점 중의 하나는 바로 무제한의 궁금증 해소에 있습니다.

AI보다 한발 앞서기

2023년 AI 챗봇 초기 시절, 챗GPT 3.5를 사용하여 세무 상담을 진행할 때, 답변이 틀린 경우도 많았고 인공지능 특유의 환각(hallucination)에 빠져 거짓 답변을 하는 경우도 많았습니다. 그 결과, 10개의 질문 중에 건질 수 있는 대답은 하나 정도에 불과한 수준이었습니다.

2024년 중반 이후, 퍼플렉시티나 펠로 등의 고급 AI 검색 에이전트가 등장하면서 상황이 크게 바뀌었습니다. 인터넷에서 방대한 자료를 검색하여 답변하며, 그 출처까지 제시하므로 이를 통한 검증이 용이해졌습니다. 또한, 대형언어모델(LLM)의 성능 개선으로 인해 쟁점 파악과 주제어 선택에서도 더 좋은 결과를 생성합니다.

더군다나 최근 나온 심층 리서치(Deep Research)는 AI 검색 에이전트가 고도화된 리서치 에이전트로서, 순차적 사고(Chain-of-Thought)[1]를 고도화하여 약 15분 이상 스스로 검색과 행동을 반복하여 환각을 방지합니다.

하지만, 세무 대리인이 할 수 있는 영역은 여전히 남아 있습니다. AI 챗봇이 제공하는 답변의 정확성과 적합성을 검토하고 수정해야 합니다. AI 챗봇이 세법의 복잡한 구조와 사례별 특수성을 완전히 이해하기에는 한계가 있기 때문입니다. AI 챗봇의 활용으로 절약된 시간을 활용하여 오프라인에서 책과 강의, 리뷰 절차 등을 통해 지속적인 세무 공부와 지식 향상이 필요합니다.

알파고(AlphaGo)가 이세돌 9단을 꺾었으나, 여전히 프로기사들은 절예, 카타고(Katago), 릴라 제로(Leela Zero) 등 인공지능 바둑 프로그램으로 공부하면서 실력을 키워가고 있습니다. 아직 세무의 영역에서 절예처럼 인간을 가르칠 수 있는 인공지능은 없습니다. 그렇지만, AI와 인간의 협업을 통해 세무 업무의 품질과 효율성을 극대화할 수 있습니다. 인공지능을 뒤쫓기보다는 인공지능의 결과물을 능숙하게 리뷰하고 검토할 수 있는, 앞선 위치에 항상 서 있어야 합니다.

환각 현상 방지하기

환각 현상(Hallucianaton)이란 AI 챗봇이 실제로 존재하지 않거나 부정확한 정보를 자신 있게 생성하는 현상을 말합니다. 이러한 문제는 AI 챗봇이 사전 학습(Pre-training)한 데이터가 제한적이거나, 질문에 대해 가장 그럴듯한 답변을 생성하는 과정에서 AI 챗봇의 과도한 자신감으로 인해 발생합니다. 특히 세무처럼 규제나 법률과 관련된 분야에서는 이러한 오류가 치명적일 수 있습니다.

세무 분야에서 환각 현상의 예를 보자면 존재하지 않는 세법 조항을 마치 사실처럼 제시하는 경우입니다. 또한, AI 챗봇이 과거 데이터로 학습되었다면, 최신 개정 세법을 반영하지 못할 위험도 있습니다.

한편, 환각 현상을 단순히 오류나 결함으로 보기보다는 창의성과 연결되는 AI의 고유 특성으로 보는 견해도 있습니다. '생성형' AI이므로 환각은 근본적으로 AI의 생성 능력에서 비롯되며, 창의성을 발휘하는 데서 오는 부산물 정도로 보는 생각입니다. 환각 현상 때문에 생성형 AI 챗봇의 사용을 꺼린다면 창의성을 발휘할 기회가 제한될 수 있으므로, 사용자가 환각 현상을 인지할 수 있는 지식이 중요합니다.

AI 챗봇을 세무 업무에 활용할 때 환각 현상을 줄이는 구체적인 방법에 대해 알아보겠습니다.

첫째, 최신 개정세법을 활용하여 맞춤형 AI 챗봇을 만듭니다. 가장 최신의 개정세법을 맞춤형 AI 챗봇의 지식 데이터베이스에 주기적으로 업데이트하거나, 외부 API를 이용해 개정세법을 반영할 수 있습니다. 이는 제4장 나만의 챗봇 만들기에서 다룹니다.

둘째, AI 챗봇이 제공하는 답변에 출처를 명시하도록 프롬프트를 설계합니다. 사용자는 출처를 통해 잘못된 정보를 쉽게 식별할 수 있고 답변의 신뢰성을 검증할 수 있습니다. 출처 표시 등 프롬프트 작성 방법은 제3장 Prompt Engineering에서 설명합니다.

셋째, 보다 높은 추론 과정을 수행하는 모델이나 기능을 사용합니다. 순차적 사고나 추론(Reasoning) 모델에서는 사용자의 질문을 여러 단계로 나누어 접근할 뿐 아니라 자체 오류 검증 과정을 수행하여 이전 단계로 돌아가 다시 진행합니다. 최신 모델에서는 이러한 오류 검증 과정을 통해 환각 현상의 대다수를 제거합니다.

네 번째, 최종적 검토는 세무 대리인의 몫입니다. AI 챗봇은 전문가를 대체하는 것이 아니라 보조하는 도구로 사용되어야 합니다. AI 챗봇의 답변을 직접 검토하고, AI와 세무 대리인이 협의하는 과정을 거친다면 보다 안전하게 사용될 수 있습니다.

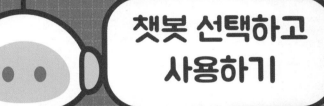

제2장

챗봇 선택하고
사용하기

제2장

챗봇 선택하고 사용하기

1. 챗봇의 종류

제2장의 목표는 특정 세무 업무를 수행할 때 어떤 AI 챗봇이 가장 효과적인 모델인지를 파악하는 것입니다. 물론 1등 AI 챗봇은 하나입니다. 하지만, 상황에 따라 적합한 AI 모델은 각기 다릅니다. 문제에 따라 효과적(Effective), 효율적(Efficient) 또는 가성비(Cost-effective)가 좋은 모델을 판정하기 위한 기준을 알아야 합니다.

그러기 위해서 먼저 AI 챗봇의 종류별로 간단한 설명과 함께 특성을 설명합니다. 그리고, AI를 처음 사용하는 분들을 위해 가입 방법이나 기본적인 사용 방법도 적어 보겠습니다.

앞으로 다룰 AI 챗봇의 종류는 일반적인 AI 공학도의 AI 챗봇 분류 방법과는 다릅니다. 세무 업무에서 결과에 실질적인 차이를 만들어 내는 AI 모델의 종류와 기능을 함께 고려하여 분류합니다. 크게는 대형언어모델의 비추론 모델(기초 모델)과 추론 모델, 에이 전트로 나눌 수 있습니다.

대형언어모델(LLM)

대형언어모델(Large Language Model)이란 방대한 양의 데이터를 사전 학습하여 자연어를 이해하고 생성할 수 있는 인공지능(AI) 모델입니다. 질문에 대한 답변 생성, 번역, 문서 요약 등 다양한 응용 작업에 적용할 수 있는 범용성을 그 특징으로 합니다.

기초 모델(Foundation Model)이라고도 부르며, 오픈AI의 ChatGPT 시리즈, 구글의 제미나이(Gemini), 메타의 라마(LLaMa), 앤트로픽의 클로드(Claude)가 대표적인 모델입니다.

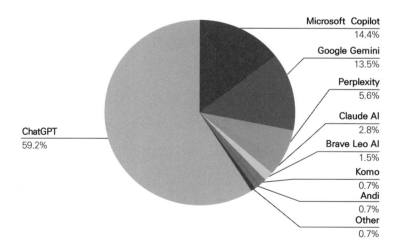

┃ 2024년 말 기준 생성형 AI 챗봇의 시장 점유율 ┃[2]

Microsoft Copilot 14.4%
Google Gemini 13.5%
Perplexity 5.6%
Claude AI 2.8%
Brave Leo AI 1.5%
Komo 0.7%
Andi 0.7%
Other 0.7%
ChatGPT 59.2%

Large Language Model이라는 이름에서 알 수 있듯이, 언어를 다루는 데 탁월한 능력이 있습니다. 비유적으로 '빅마우스'라고 표현할 수 있는데, 한국어로 표현하자면 긍정적으로 '달변가', 부정적으로는 '수다쟁이'라고 할 수 있겠습니다.

말을 잘한다는 것은 AI 챗봇에게는 글을 잘 쓴다는 것이고 언어 능력이 뛰어나다는 의미입니다. 언어 능력이 뛰어나면 문맥과 맥락을 잘 읽어 세무 상담할 때 쟁점 파악을 잘할 수 있습니다.

예를 들어, 챗GTP가 처음 나왔을 때만 하더라도 10개의 세무 상담 질의를 하면 겨우 서너 개만 쟁점을 제대로 파악했지만, 지금은 10개 중 8~9개 이상의 정확도로 쟁점을 잘 이해합니다. 더군다나 뒤에서 살펴보는 리서치 에이전트를 수행해 보면 계속해서 몇 번씩 읽고 검색하므로 쟁점 파악에서 거의 오류가 발생하지 않습니다.

LLM의 언어 능력은 매우 뛰어나지만, 인터넷 검색(Search)이나 데이터 분석(Data Analysis) 기능을 직접적으로 수행할 수 없습니다. 다만, LLM에 웹 검색 기능을 추가하면 퍼플렉시티나 펠로처럼 실시간 검색을 통해 최신 정보를 참조할 수 있습니다.

그리고, LLM 자체는 복잡한 수치 연산이나 통계 분석을 직접 수행하지 못하지만, 파이썬(Python) 등의 프로그래밍 언어 기능을 추가하여 분석 작업을 수행할 수 있습니다.

사전 학습된 데이터에만 의존하여 LLM이 답변하는 경우 최근 예규·판례를 검색하지 않고 훈련 시점의 과거 데이터만을 기반으로 답변합니다. 이때 사전학습이 완료된 시점을 컷오프(Cutoff)라고 합니다. 최근 예규·판례를 반영해야 하는 세무 상담에는 치명적인 한계로 작용합니다.

또한, 방대한 양의 사전 학습 데이터에는 세무 등 특정 분야의 전문 지식이 많이 포함되어 있지 않기 때문에, 전문 분야에 대한 답변의 퀄리티가 낮은 단점이 있습니다.

결론적으로 사전 학습 데이터에 의존하는 대형언어모델은 세무 상담 목적으로 적합하지 않습니다.

Transformer 모델

GPT는 Generative Pre-trained Transformer의 약자입니다.

Generative란 생성(형)이란 의미로서, 주어진 입력을 기반으로 새로운 컨텐츠(텍스트, 이미지 등)를 생성하는 능력을 말합니다. 앞에서는 이를 비유적으로 답변가 또는 수다쟁이로 표현하였습니다.

Pre-Trained란 기술한 바와 같이 방대한 양의 데이터를 미리 학습한 상태를 의미합니다. GPT는 인터넷의 수많은 데이터를 통해 언어의 패턴, 구조, 지식 등을 미리 익히게 됩니다.

Transformer의 개념은 어렵기에 간단한 정의부터 시작해 보겠습니다. 트랜스포머라는 이름은 데이터의 표현(representation)을 변형(transform)한다는 의미에서 유래되었습니다. 이 모델은 입력 데이터를 처리하여 새로운 형태의 출력 데이터로 변환하는 과정을 수행합니다.

조금 더 정의를 진전시켜 본다면, 트랜스포머란 자연어 처리(NLP; Natural Language Processing) 분야에서 문장 속 단어와 같은 순차 데이터 내의 관계를 추적해 맥락과 의미를 학습하는 신경망에 해당합니다. 여기서 자연어 처리(NLP)란 사람의 언어(자연어)를 컴퓨터가 이해하고 처리하도록 만드는 인공지능의 한 분야입니다.

심화

트랜스포머는 크게 인코더(Encoder)와 디코더(Decoder) 구조로 이루어져 있습니다. 인코더는 입력 데이터를 벡터 표현으로 변환하며, 셀프 어텐션 메커니즘을 통해 데이터 내부의 관계를 분석합니다. 디코더는 인코더의 출력과 자체 입력을 기반으로 새로운 시퀀스를 생성합니다. 이를 통해 입력 데이터가 원하는 출력 형태로 변형됩니다.

인코딩은 입력의 의미를 이해하는 과정으로 (사전) 학습과 추론 모두에 필수적이며, 디코딩은 주로 추론 단계에서 번역, 대화 등 실제 문장을 생성하는 데 사용됩니다.

종전에는 데이터를 순차적으로 단어의 순서에 따라 처리하는 순환신경망(RNN; Recurrent Neural Network) 방식을 사용하였습니다. 순환 방식에서는 멀리 떨어진 앞쪽 데이터가 뒤쪽 데이터에 영향을 미치기 어려운 한계가 있었습니다.

개선된 트랜스포머에서는 셀프 어텐션(Self-Attention) 메커니즘을 사용하여 데이터 내 모든 요소(단어 또는 문장 등)를 한꺼번에 보고, 모든 요소 간의 관계를 계산합니다. 어텐션이란 입력된 전체 데이터 중 특정 데이터에 가중치를 부여하여 중요한 정보를 강조하는 방식입니다. 어텐션을 이용하여 데이터 간 정보를 연결할 수 있습니다.

이 과정은 데이터를 한 번에 처리하므로, 장기적인 맥락을 더 잘 기억합니다. 또한, 트랜스포머의 병렬적 처리로 인해 대규모 데이터의 학습이 가능해졌으며 학습 속도를 크게 향상시켰습니다.

트랜스포머 모델은 데이터를 병렬적으로 처리하지만, 토큰의 생성은 순차적으로 합니다. 토큰(Token)이란 AI 모델이 처리하는 데이터의 최소 단위입니다(토큰의 상세 내용은 63페이지를 참조하세요).

다소 어려운 개념이지만 좀 더 설명을 진행하겠습니다. 챗GPT의 응답이 출력될 때 한꺼번에 전체 답이 출력되는 것이 아니라 일련의 단어가 연속적으로 출력되는 것을 보셨을 것입니다. 디코딩할 때에는 이전에 생성된 토큰을 기반으로 다음 토큰을 예측하는 방식인 자기 회귀적(Auto-Regressive) 방식으로 작동하며, 한 번에 하나의 토큰을 생성하는 순차적 과정입니다. 특이한 점은 인코딩할 때는 병렬적(parallel)으로 처리하지만, 디코딩할 때는 순차적(sequential)으로 처리합니다.

이때 트랜스포머 기반 언어 모델은 확률 분포를 기반으로 동작합니다. 함수를 사용하여 각각 가능한 토큰에 대한 확률을 계산하고, 이 확률 분포에서 샘플링하여 다음 토큰을 결정합니다.

따라서, 트랜스포머 모델은 확률적인 성격을 가지며, 동일한 입력에 대해 여러 번 실행할 경우 결과가 달라질 수 있습니다.

AI 검색 에이전트

AI 기반의 대화형 검색 에이전트(이하 "AI 검색 에이전트")란 인공지능 기술을 활용하여 사용자의 질문을 이해하고, 온라인에서 실시간으로 정보를 수집한 후, 대형언어모델(LLM)을 활용하여 요약된 답변을 제공하는 고급 검색 시스템입니다. 퍼플렉시티와 펠로(Felo), ChatGPT 4o search(이하 "서치GPT")가 대표적입니다.

가장 큰 특징은 LLM을 기반으로 하면서 실시간 정보를 반영하며, 출처를 제공하여 환각 현상(Hallucination) 여부를 쉽게 검증할 수 있다는 점입니다. 사용자가 의심스러운 부분만 선택적으로 해당 출처를 클릭하여 그 부분만 검증하는 방식입니다. 기존 검색에서는 정답이 될 수 있는 리스트를 제공하지만, AI 검색 에이전트에서는 하나의 정답과 그 출처만을 제시하므로 검색 시간이 현저히 감소합니다. 귀납적 방식이 아니라 연역적인 전개입니다.

앞에서 보았던 달변가(또는 수다쟁이)가 오픈북(Open book)으로 시험을 친다고 생각하시면 됩니다. 오픈북이다 보니 더 정확하고 최신의 정보를 반영한 답변이 가능합니다.

AI 검색 에이전트의 워크플로우는 제1장 '검색 시간 단축'에서 살펴봤습니다(24페이지를 참조하세요). AI 검색 에이전트의 내부 프로세스도 법규 정보 검색, 예규 확인, 정리 등 실제 세무 대리인의 워크플로우와 매우 유사합니다.

필자는 AI 검색 에이전트를 많이 활용합니다. 그중에서도 퍼플렉시티를 특히 선호합니다. 퍼플렉시티는 순차적 사고를 적용하여 여러 단계를 거쳐서 답변이 형성되는 과정을 보여줍니다. 순차적 사고는 실제 AI의 작업수행 능력을 향상시킵니다.

가장 우수한 AI 검색은 퍼플렉시티라고 생각하지만, 상황에 따라 펠로가 더 적합한 경우도 있습니다. 반면, 서치GPT는 썩 만족스럽지 못합니다. 서치GPT 모델을 돌려 보면 순차적 사고 과정을 보여주지 않습니다. 실제 답변도 퍼플렉시티보다 단순하게 제시됩니다. 서치GPT가 마이크로소프트의 빙(Bing) 검색엔진을 주로 사용하기 때문이라고 그 원인을 추정해 볼 수 있습니다.

AI 검색 에이전트의 구조

세무 상담의 프로세스를 AI 챗봇으로 온전히 이식하기 위해서는 AI 검색 에이전트의 구조를 상세히 이해하는 것이 필요합니다. AI 검색은 검색 엔진과 (대형) 언어 모델의 2가지로 구성되어 있다고 간단히 생각할 수 있습니다.

| AI 검색 에이전트의 워크플로우 |

이 그림은 이 책에서 두 번째로 중요한 그림입니다. AI 검색 에이전트의 주요 프로세스는 다음 네 가지 단계로 이루어집니다.

① 질문 분석

사용자의 질문과 대화 맥락을 분석하여 사용자의 의도를 정확히 파악하는 단계입니다. 대형언어모델(LLM)을 사용하여 자연어 처리(NLP) 및 생성을 수행합니다. 세무 상담 워크플로우에 대입해 보면 쟁점 파악의 단계입니다. 퍼플렉시티와 펠로 등의 AI 검색 에이전트는 챗GPT, 클로드, 제미나이 등 다른 검색 엔진을 빌려와 사용합니다.

② 검색 실행

검색 엔진은 최신 정보를 계속 수집하여 데이터베이스를 업데이트합니다. 수집된 정보를 의미론적으로 분석하고 인덱싱하여 효율적인 검색을 가능하게 합니다. 세무 상담 워크플로우에서 주제어 선택의 단계에 해당합니다. AI 검색 에이전트에서는 검색어 선택을 AI가 대신 수행해 줍니다.

③ 정보 처리

대형언어모델이 수집된 정보를 관련성, 신뢰성, 최신성 등을 고려하여 검색 결과의 순위를 정합니다. 법규 정보 검색, 예규 확인 등의 절차를 거칩니다.

④ 답변 생성

대형언어모델은 검색 엔진에서 얻은 정보를 언어 모델의 기존 지식과 통합하여 종합적인 답변을 생성합니다.

종전 대형언어모델은 모델 자체의 지식에 의존했지만, AI 에이전트는 도구(tool)를 활용하여 API, 웹 검색 등을 수행합니다. 따라서, AI 검색 에이전트도 AI 에이전트의 특성을 가지고 있습니다.

맞춤형 AI 챗봇

맞춤형 AI 챗봇은 대형언어모델(LLM)을 기반으로 사용자의 목적에 맞게 지침(instruction), 추가 지식, 다양한 기능을 조합하여 AI 챗봇을 구축할 수 있도록 합니다. 부연하자면, 프롬프트로 지시문을 작성하고, 데이터 파일을 첨부하거나 작업 기능을 이용해 외부 API를 연결합니다.

맞춤형 AI 챗봇에는, GPTs, 챗GPT의 프로젝트 기능, 퍼플렉시티의 공간(space) 기능, 클로드(Claude)의 프로젝트 기능 등이 있습니다.

AI 검색 에이전트가 오픈북(Open book) 시험을 보는 것으로 비유된다면, 맞춤형 AI 챗봇은 기출문제가 포함된 족보를 가지고 시험을 치르는 것으로 비교될 수 있습니다. 인터넷에서 블로그 등의 자료를 참고하기보다는, 세법 기본서나 예규·판례 모음집을 보고 답변을 생성하면 더 높은 정확성과 신뢰성을 담보해 줄 수 있습니다.

그리고, 일부 사이트에서는 웹 크롤링(Web Crawling)을 제한하여 검색 자체가 안 되는 경우가 있어 정보 원천이 차단될 수도 있습니다. 웹 크롤링이란 자동화된 프로그램이 웹사이트를 방문하여 웹페이지의 데이터를 수집하는 과정을 말합니다.

맞춤형 AI 챗봇을 실제 사용할 때 가장 큰 제약은 추가 지식으로 업로드할 수 있는 파일의 최대 크기와 개수 제한입니다.

대형언어모델(LLM)과 AI 검색 에이전트가 '기성복'이라면 맞춤형 챗봇은 '맞춤옷'이라 할 수 있습니다. 프롬프트 엔지니어링(Prompt Engineering)을 통해 지시문을 적절히 설계하면 다단계의 복잡한 문제를 효과적으로 해결할 수 있습니다. 그리고, 파일의 업로드와 외부 API를 연결하면 전문 지식의 무한 확장을 이뤄낼 수 있습니다.

실제 세무 상담에서도 맞춤형 AI 챗봇은 반복적인 세무 업무에서 가장 효율성 높은 도구로 판단됩니다. 그리고, 기성복인 AI 검색 에이전트나 리서치 에이전트가 다룰 수 없는 업무를 보완해 줄 수 있습니다.

추론 모델

추론(Reasoning) 모델은 단순한 패턴 인식을 넘어 정보를 분석하고 논리적으로 사고하는 능력을 갖춘 AI 모델입니다. 추론 능력이 강화된 모델은 특히 복잡한 질문이나 문제 해결 시 더 깊은 사고 과정을 거쳐 보다 정확하고 신뢰할 수 있는 답변을 제공합니다.

AI와 관련하여 추론으로 번역되는 영어 단어는 'Inference'와 'Reasoning'이 있습니다. 'Inference'는 일반적으로 모델이 입력 데이터를 기반으로 출력을 생성하는 (전체) 과정을 의미하며, 이는 모든 언어 모델에서 수행하는 기본 작업입니다. 직관적이고 암묵적인 과정을 포함하며, 경험적 지식에도 의존합니다. AI 모델과 관련하여 학습(Training)과 대조되는 용어로 사용됩니다. 학습은 AI 모델이 데이터를 기반으로 학습하여 모델의 성능을 향상시키는 단계이며, 추론(Inference)은 학습된 모델을 사용해 실제 문제에 답을 예측하거나 결과를 도출하는 단계입니다.

반면에, 'Reasoning'은 복잡한 문제를 해결하기 위해 논리적이고 체계적인 사고 과정을 거치는 능력을 의미합니다. 결론 도출 과정이 구조화되어 있으며, 논리적 규칙을 따릅니다. 개념의 범위를 따져 보면, Reasoning은 Inference에 포함됩니다. 따라서, o1 등 추론 모델을 지칭할 때는 'Reasoning'이라는 용어가 적절합니다.

추론 모델로는 오픈AI의 o1, o3 모델, DeepSeek의 R1 등이 있습니다. 최근에는 파운데이션 모델(비추론 모델)과 추론 모델을 통합한 모델이 출시되었습니다. 예를 들어, 클로드 3.7 Sonnet은 통합 모델로 첫 출시되었으며, 챗GPT의 다음 모델인 5.0 모델 역시 통합 모델로 출시될 예정입니다.

오픈AI의 추론 모델인 o1, o3-mini, o3-mini-high, o1-pro의 특징과 수준을 표로 정리하면 다음과 같습니다. 참고로, 오픈AI의

추론 모델에는 기초 모델(Foundation Model)과는 달리 챗GPT라는
접두사를 붙이지 않습니다.

| 추론 모델별 연구 수준 |

모델	특징	수준	인터넷 검색
o1	첫 추론 모델	박사 초년생	불가
o3-mini	소형 추론 모델	석사 과정	허용
o3-mini-high	o3-mini의 고성능 버전	박사 초년생	허용
o1-pro	최고 수준의 추론능력	박사급 전문가	불가

현재 오픈AI에서 o1과 o1-pro는 인터넷 검색을 허용하지 않습
니다. 따라서, 이 두 가지 추론 모델에서는 세무 상담을 포함한 세
무 업무를 수행하기가 어렵습니다.

다음은 오픈AI의 추론 모델에 대한 박사급 과학 질문 평가의 결
과입니다.[3]

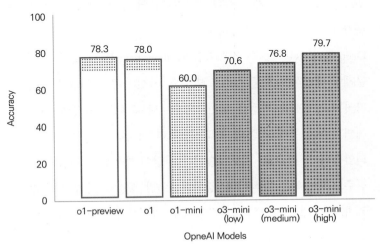

| PhD-level Science Questions(GPQA Diamond) |

추론 모델 o1도 사전 학습된 데이터에 한정하여 답변하지만, 상당한 시간 동안 추론 과정을 거쳐 응답합니다. 추론 과정에서는 복잡한 문제를 여러 작은 단계로 나누어 해결하는 '순차적 사고' (Chain-of-Thought) 기법을 통합하여 사용하며, 자체 오류 검증을 수행하여 필요한 경우 이전 단계로 돌아가 답변을 수정하는 방식으로 작동합니다.

심화

대형언어모델의 크기나 학습 데이터의 양이 일정 규모를 넘어설 때 갑자기 나타나는 예측 불가 능력을 창발적 능력이라고 합니다(107페이지를 참조하세요). 규모의 효과로 볼 수 있습니다.

이와는 달리 Deep Seek의 논문[4]에서 소개된 개념으로 '아하 모먼트'(Aha Moment)가 있습니다. '깨달음의 순간' 또는 '통찰의 순간'으로 번역될 수 있습니다.

Deep Seek-R1 모델은 강화학습(Reinforcement Learning)을 통해 문제를 해결하는 도중 스스로 멈추고, 자신의 추론 과정을 재평가하며 개선하는 과정을 보여주었습니다. 그리고, 순차적 사고 메커니즘을 통해 기존의 지도학습보다 향상된 성능을 가지게 되었습니다. 참고로, 지도학습이란 사람이 개입되어 정답을 알려주고 학습하는 방식이며, 강화학습이란 정답을 직접 주지 않고 행동에 대한 상벌의 보상만을 주는 방식을 말합니다.

> 순차적 사고와 아하 모먼트는 단순히 모델이 데이터를 처리하는 것을 넘어, 인간과 유사한 방식으로 사고하고 학습하는 능력을 보여줍니다. 순차적 사고는 AI에서 중요한 메커니즘입니다.

추론 모델은 마치 달변가가 사유의 깊은 골짜기를 지나 '사색가'(思索家) 또는 '철인'(哲人)으로 변화한 것으로 비유할 수 있습니다. 세무 상담 시 모든 사안에 대해 예규나 판례가 존재하는 것은 아니므로, 단계별로 논리와 근거를 제시하는 추론 모델이 큰 도움이 되는 경우가 있습니다.

단순히 검색된 예규 하나만 답변으로 제시하는 것보다는 그 근거를 여러 개 제시한다면 질의자의 만족도를 높일 수 있습니다. AI 검색 에이전트를 통해 확인한 근거가 불충분할 때에는 추론 모델로 충분히 보완 가능합니다.

하지만, 다음의 리서치 에이전트를 충분히 사용할 수 있는 요금제를 선택하였다면, 추론 모델보다는 심층 리서치를 실무에서 더 많이 사용하게 됩니다.

리서치 에이전트

최근 2025년 2월 3일 오픈AI가 새롭게 선보인 심층 리서치(Deep Research) 기능은 o3 추론 모델을 기반으로 한 새로운 AI 연구(Research) 에이전트입니다. 이 기능은 사용자가 제시한 복잡한 주제나 질문에 대해 인터넷을 자동으로 검색하여 정보를 수집하고 순차적 사고(Chain-of-Thought) 기법과 추론을 통해 검색한 정보를 분석합니다. 검색과 추론 과정을 반복하여 연구자 수준의 종합적인 보고서를 작성해 주는 고급 연구 기능입니다.

검색과 추론 과정이 반복되므로 외부 인터넷 검색은 필수 과정으로 작동합니다. 따라서, 챗GPT를 사용할 때 굳이 (외부) '웹에서 검색' 옵션을 활성화할 필요가 없습니다.

심층 리서치는 사색가 또는 철인이 오픈북으로 박사과정 논문을 작성하는 모습을 상상하시면 됩니다. 이제 시험의 단계는 지나치고 논문 작성의 단계에 이른 상태입니다.

심층 리서치는 '활동' 칼럼을 통해 AI 챗봇이 연구를 수행하는 과정을 실시간으로 보여줍니다. AI의 추론 과정과 웹 검색 활동 및 그 결과의 요약, 중간 결론, AI가 세운 다단계 계획과 실행 과정을 보여줍니다. AI 검색 에이전트가 약 1분 남짓 동안 작동한다면, 심층 연구는 일반적으로 15분 이내에 작업을 완료하여 답변을 제공합니다.

그리고, 심층 리서치도 AI 검색 에이전트의 고급 버전이므로 AI 검색 에이전트와 동일하게 출처를 명시합니다. 따라서, 출처를 통한 손쉬운 팩트 체크가 가능하여 신뢰성이 크게 높아집니다. 또한 다단계 분석과 오류 추적으로 환각 현상을 현저히 줄일 수 있습니다.

한편, 모델이 고도화될수록 프롬프트 엔지니어링의 필요성을 감소시키고 있습니다. AI 챗봇이 다단계를 거치면서 스스로 최적의 프롬프트를 생성해 냅니다.

박사급 수준의 논문을 생성할 수 있는 대표적인 모델로는 오픈 AI의 심층 리서치가 있으며, 이보다 다소 떨어지는 성능을 보이지만 퍼플렉시티의 심층 연구도 많이 사용합니다.

오픈AI의 심층 리서치는 월 20불짜리 Plus 사용자는 월 10회, 월 200불짜리 Pro 사용자는 월 120회 사용할 수 있습니다. 월 10회의 이용 횟수 제한으로 충분한 사용이 쉽지 않기 때문에 심층 리서치보다는 퍼플렉시티의 심층 연구를 더 많이 사용합니다. 퍼플렉시티는 월 20불짜리 유료 요금제를 구독하면 심층 연구 쿼리를 하루 500회 제공하므로 사용하는 데 전혀 부담이 없습니다.

심층 리서치가 세무 업무에서 가장 빛나는 분야는 불복 이유서 작성, 판례 평석 작성, 의견서 작성, 예규심 추론 등 복잡한 문제의 해결이라고 생각합니다. 다만, 실제 세무 업무에서 챗GPT의 심층 리서치를 사용하여 초년생 박사급의 논문을 작성해야 할 일이 흔하지 않습니다. 예를 들어 예규심사위원회의 수십 페이지짜리 안건을 보고 결론을 내려야 하거나, 조세불복 절차에서 이유서를 작성해야 할 경우 등에만 심층 리서치를 추천합니다.

퍼플렉시티의 심층 연구

앞에서는 주로 오픈AI의 심층 리서치를 중심으로 살펴보았으므로, 여기서는 퍼플렉시티의 심층 연구에 대해 간단히 살펴보겠습니다.

심층 연구도 전문가 수준의 깊이 있는 연구 기능을 제공하며, 정보를 수집하고 이를 기반으로 추론하여 분석 결과를 제공하는 리서치 에이전트입니다. 출처를 명확히 표시하며, 다단계를 거치면서 환각 현상이 감소하는 것은 심층 리서치와 동일합니다.

퍼플렉시티의 심층 연구는 자체 개발한 Test Time Compute(TTC) 확장 프레임 워크를 기반으로 작동합니다. 인간의 인지 과정을 모방하여 질문을 하위 구성 요소로 나누고, 반복적인 검색과 분석을 통하여 이해를 정교화하는 방식입니다. 또한, DeepSeek R1 모델의 변형을 사용하여 심층 연구를 수행합니다. 생각하는 시간은 보통 3분으로 알려졌지만, 실제 5~20분이 소요될 수도 있습니다.

필자의 경험으로는 오픈AI의 심층 리서치 성능이 더 뛰어나다고 생각됩니다. 다만, 퍼플렉시티의 심층 연구는 일일 500쿼리라는 무료에 가까운 사용 제한이 있기에 더 많이 사용하게 됩니다. 좀 더 간결하고 빠른 답변을 원할 때에도 퍼플렉시티의 심층 연구를 사용합니다.

챗GPT의 심층 리서치가 박사과정 초년생의 논문을 작성한다면 퍼플렉시티는 석사과정, 펠로의 깊은 탐색은 대학생 수준으로 비유해 볼 수 있다고 생각합니다.

AI 챗봇 모델과 기능을 줄 세우기

그럼 지금까지 설명했던 여러 챗봇의 모델과 기능을, 세무 상담 답변의 퀄리티를 기준으로 순위를 매겨본다면 다음과 같습니다.

순차적 사고 < AI 검색 또는 < 퍼플렉시티의 < 오픈AI의
           추론 모델 o1   심층 연구   심층 리서치

위에 적힌 모델과 기능은 복잡한 문제를 다단계로 접근한다는 점과 추론(Reasoning)을 사용한다는 공통점이 있습니다.

첫째, 기초 모델(Foundation model)에 순차적 사고를 프롬프트상에서 적용하면 문제 해결 과정을 단계별로 정리하여 설명합니다.

둘째, 오픈AI의 추론 모델 o1, o1 pro mode는 인터넷 검색 기능이 없지만, 세무 상담을 할 때 충분한 논리적 근거를 제공한다는 점에서 사용 가치가 있습니다. 펠로나 퍼플렉시티와 같은 AI 검색 에이전트는 세무 상담의 가장 기본적인 도구에 해당합니다. 추론 모델과 AI 검색 에이전트는 그 목적이 서로 달라 우위를 결정하기가 어렵습니다. 다만, 최신 예규·판례를 반영해야 한다는 점에서 AI 검색 에이전트가 더 적합한 세무 상담용 AI 챗봇입니다.

셋째, 앞서 보았듯이 리서치 에이전트 간에는 오픈AI의 심층 리서치가 퍼플렉시티의 심층 연구보다 문제 해결 능력이 더 우위입니다. 하지만, 비용상의 문제로 심층 연구를 더 많이 사용하고 있습니다.

다음 표에서는 AI 검색 에이전트와 심층 연구, 추론 모델 간의 평균 생각하는 시간을 정리하였습니다. 각 모델·기능별로 성능의 우위를 간접적으로 추정해 볼 수 있습니다.

| 모델 또는 기능별 생각하는 시간 |

구 분	종류	평균 생각하는 시간
퍼플렉시티의 '장점' 검색	AI 검색 에이전트	1분 이내
펠로의 '깊은' 검색	AI 검색 에이전트	1~3분
오픈AI의 o1	추론 모델	2~3분
퍼플렉시티의 심층 연구	리서치 에이전트	2~4분
오픈AI의 o1 pro mode	추론 모델	5~20분
챗GPT의 심층 리서치	리서치 에이전트	15분

챗GPT 심층 리서치의 생각하는 시간이 15분이고 추론 모델 o1 의 그 시간이 3분이라고 하여, 심층 리서치의 성능이 o1에 비해 5 배라는 단순 비교는 성립할 수 없습니다. 심층 리서치가 기반으로 하는 추론 모델 o3는 물론 o1보다 후속 버전으로서 성능이 더 우 월합니다. 하지만, 심층 리서치는 검색을 반복적으로 수행하므로 o1에 비해 5배 생각하는 시간이 더 길어질 뿐인 것이지, 모델이 5 배의 성능을 가지는 것으로 볼 수 없습니다. 그럼에도 불구하고, 심층 리서치는 더 우월한 추론 모델인 o3를 사용하고 검색과 추론 을 반복하여 리서치 에이전트로서 최적의 성능을 발휘하도록 설 계되었으므로 연구 분야에서는 o1에 비해 훨씬 향상된 결과를 제 공합니다.

다음의 표에서는 필자가 직접 경험한 각 모델의 생각하는 시간 을 기재하였으니 참고하시기 바랍니다. 다만, 다른 AI 챗봇이 해당 모델이나 기능에 대해서는 생각하는 시간을 별도로 제시하지 않 아, 오픈AI의 o1과 o1 pro mode, 심층 리서치의 생각하는 시간만을 표로 요약하였습니다.

┃ 모델 또는 기능별 생각하는 시간 실제 사례 ┃

구 분	종류	생각하는 시간 실제 사례
오픈AI의 o1	채팅창에서 세무 상담	11초, 18초, 22초
오픈AI의 o1 pro mode	채팅창에서 세무 상담	1분 26초, 2분, 2분
챗GPT의 심층 리서치	채팅창에서 세무 상담	5분, 7분
	불복이유서 작성 봇	7분, 10분
	판례평석 작성 봇	8분, 9분, 12분
	예규심 추론 봇	4분, 16분, 17분

AI 에이전트

앞서 보았던 AI 검색 에이전트와 리서치 에이전트는 AI 에이전트에 해당합니다. AI 에이전트(agent)란 인공지능 기술을 바탕으로 특정 목표를 달성하기 위해 자율적으로 작업을 수행하고 의사결정을 내릴 수 있는 시스템을 말합니다.

기존 대형언어모델(LLM)이 요약, 번역 등 단일 호출로 단순한 질의응답에 머무르는 반면에, AI 에이전트는 도구(tool)를 활용하여 외부 시스템과 연결하고, 추론과 논리적 사고를 결합하여 사람의 지시 없이 복잡한 작업을 수행할 수 있습니다.

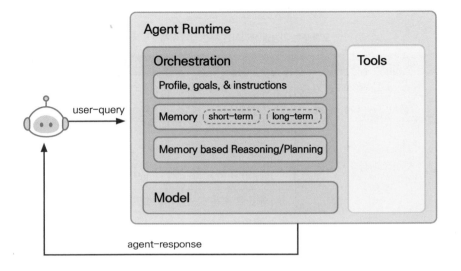

| 일반적인 AI 에이전트의 구조와 구성 요소 |

위 그림은 본서에서 가장 중요한 그림입니다. 주의 깊게 봐주시기 바랍니다.

구글의 논문[5]에서는 AI 에이전트의 핵심 구성 요소로 모델, 도구, 오케스트레이션 레이어를 제시합니다. AI 검색 에이전트와 리서치 에이전트 및 맞춤형 챗봇을 이해하기 위해서는 AI 에이전트의 구조를 이해할 필요성이 있습니다. 하나씩 살펴보겠습니다.

① 모델(Model)

AI 에이전트의 중심적인 의사결정 역할을 수행하는 대형언어모델(LLM)로, ReAct, 순차적 사고(Chain-of-Thought), 네트워크 사고(Tree-of-Thought)와 같은 추론 프레임 네트워크를 활용하여 논리적 사고와 행동 계획을 지원합니다.

대형언어모델은 챗봇의 종류에서 살펴본 바와 같습니다. ReAct 란 사용자 쿼리에 대한 추론(Reasoning)과 행동(Action)을 결합하여 단계별로 작업을 수행하는 것을 말합니다.

네트워크 사고는 인공지능 모델의 사고 과정을 나무(Tree) 구조로 확장하여 논리적 추론과 문제 해결 능력을 향상시키는 기법입니다. 순차적 사고(CoT)보다 더 복잡한 문제 해결에 적합한 방식으로 설계되었습니다. 순차적 사고 방식이 한 줄로 이어지는 방식으로 추론하는 반면, 네트워크 사고(ToT)는 가지(branch) 형태로 여러 가능성을 동시에 탐색하여 문제를 해결합니다.

┃ 순차적 사고(CoT)와 네트워크 사고(ToT)의 비교 ┃

구 분	순차적 사고	네트워크 사고
구조	선형(한 방향)	트리(여러 방향)
탐색 방식	하나의 사고 흐름	여러 아이디어를 동시에 생성하고 평가
문제 해결	비교적 간단한 문제에 적합	복잡한 논리적 사고와 창의적 문제 해결에 적합

② 도구(Tools)

AI 에이전트가 외부 세계와 상호 작용할 수 있도록 API, 데이터 저장소, 확장 기능 등을 통해 실시간 정보에 접근하거나 작업을 수행합니다. 앞서 보았던 AI 검색 에이전트나 리서치 에이전트의 검색 엔진이 이에 해당합니다. 그리고, 제4장에서 살펴볼 GPTs의 지식영역, 외부 API 호출이 도구에 포함됩니다.

③ 오케스트레이션 레이어(Orchestration Layer)

오케스트레이션의 사전적 의미는 음악 분야에서 관현악(Orchestra)을 편곡하거나 관현악기를 편성한다는 뜻입니다. 관현악의 편곡, 편성에 조직화라는 의미가 추가되어, AI 에이전트에서는 조직화, 조정이라는 의미로 사용됩니다.

오케스트레이션 레이어는 AI 에이전트가 정보를 처리하고, 추론하며, 다음 행동을 결정하는 순환적 프로세스를 관리합니다. 이는 에이전트가 목표를 달성할 때까지 지속적으로 작동합니다. (제3장에서 설명할) 프롬프트 엔지니어링 및 관련 프레임워크를 활용하여 추론과 계획을 설정합니다. '① 모델'에서 보았던 ReAct, 순차적 사고, 네트워크 사고 방식 등을 활용합니다.

GPTs 등의 맞춤형 챗봇에서 지침이 담당하는 부분을 포함합니다.

인공일반지능(AGI)

인공일반지능(AGI; Artificial General Intelligence)은 거의 모든 영역에서 사람과 유사한 수준의 지능을 가진 인공지능을 의미합니다. 현재 우리가 사용하는 인공지능은 특정 작업에 특화된, 약한 인공지능(ANI; Artificial Narrow Intelligence)에 해당합니다.

오픈AI의 샘 알트먼 CEO는 오픈AI의 미래를 상상하며, AGI로 가는 AI 능력 수준을 다음과 같이 5단계로 나눠 제시했습니다.[6]

단 계	AI 능력
Level 1	Chatbots, AI with conversational language
Level 2	Reasoners, human-level problem solving
Level 3	Agents, systems that can take actions
Level 4	Innovators, AI that can aid in invention
Level 5	Organizations, AI that can do the work of an organization

1단계는 챗봇으로, 자연어를 기반으로 인간과 대화할 수 있는 능력을 갖춘 AI입니다. 대형언어모델(LLM)이 여기에 속합니다.

2단계는 추론가로 박사 학위 수준의 문제 해결 능력을 갖춘 AI입니다. 추론 모델 o1, DeepSeek R1이 해당합니다.

3단계는 에이전트로, 인간을 대신하여 자율적으로 작업을 수행하는 AI입니다. 바로 앞에서 본 AI 에이전트입니다. 현재 AI 업계에서는 AI 3단계를 개발 중입니다.

4단계는 혁신자로 새로운 발명과 혁신적인 아이디어를 생성할 수 있는 AI입니다. 신약 개발 등에서 활용할 수 있습니다.

5단계는 조직으로, 혼자서 조직 단위의 업무를 수행할 수 있는 초지능 AI입니다. 인공일반지능에 해당합니다.

인공일반지능은 특정 분야에 국한되지 않고 다양한 작업을 수행할 수 있으며, 추론, 문제 해결, 창의성, 학습 능력 등에서 인간과 동등하거나 그 이상의 지능을 갖추는 것을 목표로 합니다. 인공일반지능이 실현된다면 자동차 자율주행도 가능해질 것이며, 머리말에서 얘기한 조세특례제한법 기본서의 개정세법 자동 업데이트도 수월해질 것입니다.

세무 상담에 어떤 AI 챗봇을 사용할까

챗봇의 종류를 마무리하면서, 세무 상담에 어떠한 AI 챗봇을 사용하여야 하는지를 정리하겠습니다.

대형언어모델(LLM)은 요약이나 번역, 블로그 글짓기 등의 범용 작업에 어울리지만, 전문적인 세무 상담에는 부족하다고 앞서 지적하였습니다.

세무 상담은 AI 검색 에이전트의 영역입니다. 다만, 자료를 외부 인터넷에서 구하는 경우에는 AI 검색 에이전트를 사용하는 반면에, 사용자가 보유하고 있는 데이터베이스나 파일을 이용한다면 맞춤형 AI 챗봇을 활용합니다. 물론 두 가지를 함께 활용하여 보다 나은 결과를 얻을 수 있습니다. 개인적 경험에 따르면 서치 GPT가 주로 사용하는 빙(Bing) 검색 엔진보다는 퍼플렉시티의 검색 엔진의 성능이 더 우수한 것으로 생각합니다.

리서치 에이전트는 AI 검색 에이전트의 고도화 버전으로 추론 모델과 검색 엔진이 합쳐진 경우이므로, AI 검색 에이전트와 기본적인 작동 원리는 같습니다. 그렇지만, 세무 상담은 박사급 논문의 복잡성을 요구하지는 않기 때문에 리서치 에이전트의 사용 빈도는 낮습니다.

마지막으로, 추론 모델은 외부 인터넷 검색 또는 내부 데이터베

이스 검색이 불가능하므로 논리적 근거를 보완하는 보조적 역할
에 그칠 수밖에 없습니다.

2. 토큰과 토큰 리미트(컨텍스트 윈도우)

    AI 챗봇의 사용 방법을 알아보기 전에 토큰과 컨텍스트 윈도우
의 개념을 먼저 살펴보겠습니다. AI 챗봇을 사용할 때 두 가지 개
념을 잘 이해하면, 모델의 성능을 최대한 활용할 수 있습니다.
    AI 챗봇에서 토큰(Token)이란 AI 모델이 처리하는 데이터의 최
소 단위입니다. 토큰은 단어 단위(Word-level), 서브워드 단위(Sub-
word-level), 문자 단위(Character-level) 등의 방식으로 정의될 수 있습
니다.

❘ 토큰의 종류 ❘

구분	토큰의 단위	예시
단어 단위(Word)	단어 하나를 토큰으로 간주	"Hello", "World"
서브워드 단위(Subword)	단어를 더 작은 단위로 쪼갬	"play", "ing"
문자 단위(Character)	개별 문자를 토큰으로 간주	"H", "e", "l", "l", "o"

    GPT 계열 모델과 같은 트랜스포머 기반 언어 모델에서는 Byte-
pair Encoding(BPE) 방식을 핵심 기법으로 사용합니다. BPE 방식
은 텍스트 데이터를 압축하거나 토큰화할 때 사용하는 알고리즘
으로, 사전 훈련 데이터에서 가장 많이 등장하는 문자 쌍을 찾아

하나의 단위로 변환합니다. 토큰에는 글자, 단어, 문장 부호 등을 포함합니다.

예를 들어, "unbelievable"은 "un" + "believ" + "able"과 같이 서브워드 단위로 분리됩니다.

토큰 리미트

AI 모델이 한 번에 처리할 수 있는 최대 토큰 개수를 토큰 리미트(Token Limit)라고 합니다. 이를 컨텍스트 윈도우(Context Window)라고도 합니다.

이 제한은 입력(프롬프트)과 출력(응답)을 합친 값으로 계산됨에 유의하여야 합니다. 입력이 크면 출력은 줄어들 수밖에 없습니다. 또한, 채팅창(입력창)에 직접 업로드한 문서의 단어는 모두 입력 토큰으로 계산되어 토큰 리미트에 포함됩니다. 모델이 즉시 채팅창의 문서를 읽고 답변하므로 토큰 리미트가 적용됩니다.

반면에, GPTs나 프로젝트의 지식 영역에 업로드된 문서의 단어는 입력 토큰으로 취급되지 않습니다. 지식 영역에 저장된 문서는 모델이 필요할 때 선택적으로 참조하기 때문입니다. 대신 사용자가 특정 질문을 던질 때 모델이 관련 문서를 참조하여 답변하기 때문에 매 요청마다 참조되는 관련 정보만 토큰으로 계산됩니다. 즉, 실제로 가져온 부분만 토큰 리미트에 포함합니다.

GPT-4의 토큰 리미트는 약 8,192토큰이며, GPT-4 Turbo는 약

128,000토큰입니다. GPT-4o는 128,000개의 토큰 리미트로 동일합니다. GPT-4를 사용할 때, 입력 프롬프트가 4,192토큰이라면 출력은 4,000토큰까지 가능합니다. 종종 경험해 보셨겠지만 너무 많은 분량을 프롬프트에 입력하면 출력(응답)은 답변의 끝으로 갈수록 요약되어서 제공됩니다.

또한, 너무 긴 입력은 앞부분의 일부가 잘릴 수 있으며, 긴 대화에서는 오래된 메시지가 자동으로 사라질 수도 있습니다. 따라서, 토큰 리미트를 효율적으로 회피하기 위해서는 💡 자주 '새 채팅' 버튼을 누르는 습관을 들이시는 게 바람직합니다.

이제 토큰 수를 계산하는 방법을 알아보겠습니다. 대략 1토큰은 영어 단어(Word) 0.75개~0.8개 또는 한글 단어 1개~2개로 볼 수 있습니다. 또한, 1토큰은 글자(Character)로는 4~5글자에 해당합니다. 그리고, 1페이지는 500단어로 계산합니다.[7]

❙ AI 챗봇 종류별 토큰 수(영어 기준) ❙

구 분	토큰 리미트	글자(Character)	단어(Word)	페이지
GPT-4	8,192	40,960	10,000	20
GPT-4 Turbo	128,000	640,000	150,000	300
Claude 3.5 Sonnet	200,000	1,000,000	234,000	468

다만, GPT-4 Turbo의 경우 출력은 최대 4,096토큰으로 제한되므로 영문 10페이지, 한글 5페이지 분량의 텍스트를 생성할 수 있습니다. 참고로 GPT-4 Turbo는 GPT-4의 확장된 모델입니다.

한편, 한글은 영어의 절반으로 보아야 하기 때문에 GPT-4의 경우 10페이지 분량을 토큰 리미트로 봐야 합니다. 한글이 영어에 비해 2배 정도의 메모리를 차지합니다. 사전 훈련된 데이터는 주로 영어로 구성되기 때문에 영어가 더 토큰화가 잘 되어 있기 때문입니다.

정확한 토큰 수 계산이 필요하다면 Open AI Tokenizer 사이트를 사용하면 모델이 어떻게 토큰을 나누는지 확인할 수 있습니다 (https://platform.openai.com/tokenizer).

토큰 리미트는 공식적으로 개발사 홈페이지에 공시되어 있지 않으며, AI 모델들은 지속해서 토큰 리미트를 확장하고 있으므로 위의 표는 참고용으로 사용하시길 바랍니다.

컨텍스트 윈도우

토큰 리미트는 다른 말로 컨텍스트 윈도우(Context Window)라고 합니다. AI모델이 한 번의 요청에서 이해할 수 있는 정보의 범위를 결정합니다. 이 범위 안에서 AI는 종전 창의 내용을 기억하고 처리할 수 있습니다. 컨텍스트 윈도우가 크면 긴 대화를 유지할 수 있고, 이전 정보를 오래 기억하여 자연스러운 답변을 제공할 수 있습니다.

AI 챗봇의 메모리에 한계가 있다는 점을 고려할 때 다음을 유의하여 사용하여야 합니다. 첫째, 💡 중요한 정보는 앞에 위치하여야 합니다. 컨텍스트 윈도우에서 앞부분이 더 높은 가중치를 가지므로 핵심 지시 사항은 앞쪽에 배치하여야 답변의 품질이 향상됩니다.

두 번째, 불필요한 텍스트를 제거해야 합니다. 길이를 줄이면 AI 모델이 더 많은 정보를 처리할 수 있습니다.

물론 앞에서도 얘기하였지만 '새 채팅' 버튼을 주제가 바뀔 때마다 매번 클릭해 주어야 합니다.

3. 챗봇별 가입 및 사용 방법

AI 챗봇에 익숙하지 않은 분들을 위하여 AI 챗봇별 연혁, 특징, 가입과 사용 방법을 간단히 설명하겠습니다.

AI 챗봇의 시장 점유율이 높은 순서를 반영하되, 필자가 실제 세무 업무에 사용하는 AI 챗봇 3가지만 대상으로 하겠습니다. 챗 GPT, 퍼플렉시티, 펠로입니다.

다만, 무료 가입이 가능한 DeepSeek는 제외하였습니다. 지금까지 개인정보보호 이슈가 해결되지 않았기에 필자도 사용하지 않고 있습니다.

챗GPT

챗GPT를 개발한 오픈AI는 2015년 샘 알트먼, 일론 머스크, 일리야 수츠케버(Ilya Sutskever) 등이 공동 창립했습니다. 2022년 11월 출시된 GPT-3.5는 첫 언어 모델로서 대중적으로 큰 인기를 얻으며, 사용자가 빠르게 증가했습니다.

2023년 3월 출시된 GPT-4는 텍스트와 이미지를 이해할 수 있는 멀티모달 기능이 탑재되었으며, 같은 해 10월에는 웹 검색 기능이 처음으로 추가되어 최신 데이터를 반영할 수 있게 되었습니다. 2024년 5월 출시된 GPT-4o는 멀티 모달 기능을 강화하고 비영어권 언어 처리능력이 향상되었으며, 같은 해 12월에는 오픈AI의 추론 모델(reasoning model)인 o1이 출시되었습니다. 2025년 2월에는 마지막 비추론 모델(non-reasoning model)로서 GPT-4.5가 출시된 상황입니다.

| 챗GPT 연혁 |

연 월	모 델	특 징
2022년 11월	GPT-3.5	첫 언어 모델
2023년 03월	GPT-4	멀티모달 기능 탑재
2023년 09월	OpenAI o1-preview	첫 추론 모델
2023년 10월		웹 검색 기능 추가
2023년 11월	GPT-4Turbo	GPT-4보다 빠른 처리 속도
2024년 05월	GPT-4o	멀티모달 기능 강화
2024년 12월	Open AI o1	추론 모델 정식 버전
2025년 02월	GPT-4.5	마지막 비추론 모델

챗GPT의 연혁에 관한 공부는 생성형 AI 챗봇의 과거에 대한 이해는 물론, 미래 트렌드의 예측을 위해서도 필요하다고 생각합니다.

GPT-4.5

오픈AI의 최신 모델인 GPT-4.5는 마지막 비추론 모델(non-rea-soning model)로서 질문에 대한 답변을 단순히 생성하는 방식입니다. GPT-5부터는 추론 모델과 비추론 모델을 합성한 하이브리드 모델로 출시할 예정입니다. 참고로, 앤트로픽의 클로드 3.7 Sonnet 모델이 하이브리드 모델에 해당합니다.

GPT-4.5의 가장 큰 특징은 언어 능력의 강화입니다. 사용자의 지시 사항이나 맥락을 더 잘 이해하고, 사용자의 의도를 더욱 정확히 반영합니다. 세무 상담 시 쟁점 파악에 더 강해졌습니다.

또한, 이전 모델보다 창의적인 컨텐츠 생성 능력이 뛰어나며, 인간의 감정을 이해하고 이에 맞춰 톤과 언어를 조정하는 답변이 뛰어나 감성적인 답변을 제공하는 데 강점을 보입니다.

단점으로는 고급 논리적 추론 능력이 제한되었다는 점입니다. GPT-4.5는 직관적이고 대화 중심의 접근 방식을 채택하여 복잡한 논리적 문제에 대한 순차적 사고(Chain-of-Thought)가 약화하였습니다. 그리고, 대규모 파라미터를 가진 모델로, API 사용 비용이 매우 비쌉니다.

필자가 Plus 회원을 구독하는 기간에는 하루 사용량 제한에서 허용하는 대로 GPT-4.5를 사용하였습니다. 복잡한 논리적 추론에서는 한계가 존재하지만, 언어 처리와 창의적 생성 능력에서 큰 발전을 이루었기에 세무 업무를 비롯한 일반 업무에는 더 적합하다고 경험하였기 때문입니다.

가입 방법

chatgpt.com 사이트로 이동한 후, 우측 상단의 회원가입 버튼을 누르면 아래와 같은 계정 만들기 화면이 나옵니다. 기존 구글 계정 등으로 계속하거나 이메일 주소를 입력하여 계정을 만들 수 있습니다.

Plus 회원은 월 20불의 구독모델입니다. 추론(reasoning) 모델인 o3-mini, o3-mini-high와 o1에 접근할 수 있습니다. GPT-4o에 대해서 최대 80개의 메시지를 3시간마다 전송할 수 있으므로, 동 모델의 사용에 큰 제한은 없습니다. 최신 기초 모델(Foundation Model)인 GPT-4.5도 사용 가능하지만 일주일에 약 45~50개의 메시지를 보낼 수 있습니다. 심층 리서치도 월 10회 사용의 제한을 받습니다. 사용하지 않은 메시지는 다음 주기(3시간 또는 주간)로 이월되지 않습니다.

Pro 회원은 월 200불의 구독료로 GPT-4.5를 포함한 모든 모델을 무제한 사용할 수 있습니다. 심층 리서치도 월 120회 사용할 수 있습니다. 현재 Operator에 유일하게 접속할 수 있습니다. 필자는 처음엔 Plus 회원을 구독하다가 본서를 집필하면서 Pro 회원제로 변경하였습니다.

챗GPT의 개인 유료 요금제인 Plus나 Pro, 비즈니스 요금제인 팀플랜 모두 사용자가 챗GPT와 주고받은 대화 내용은 사용자가 자발적으로 데이터 제공에 명확히 동의할 경우에만 예외적으로 활용됩니다. 해당 내용은 후술하는 챗봇별 가입 및 사용 방법에서 다룹니다.

사용 방법

챗GPT의 홈화면입니다. 메뉴는 간단히 설명하기로 하고, 주요 기능인 커스텀 인스트럭션, 설정의 주요 옵션, 재생성, 프롬프트 편집에 대해서만 상세히 살펴봅니다.

① 사이드바 열기/닫기, 채팅 검색, 새 채팅 등의 아이콘입니다. 새 채팅(New Chat) 버튼을 클릭하면 기존 대화와 별개로 새로운 질문을 할 수 있습니다.

② Sora는 텍스트 입력만으로 고품질의 동영상을 생성하는 AI 모델입니다. 그 아래로는 사용자가 만든 맞춤형 GPTs의 리스트를 보여줍니다. 마지막의 'GPT 탐색'을 누르면 GPTs를 모아 놓은 GPT 스토어(Store)와 연결됩니다.

③ 프로젝트는 ChatGPT에서 진행 중인 문서나 코드 작업을 한 곳에서 관리하는 기능입니다. 프로젝트에서 파일을 추가하거나 지침을 작성하여 맞춤형 AI 챗봇을 만들 수 있습니다. 제4장에서 살펴봅니다.

④ 대화 기록(채팅 히스토리)입니다. 최근 사용한 대화 내역이 자동 저장되며, 다시 불러오면 이어서 대화할 수 있습니다. 대화 삭제 또는 이름 변경이 가능합니다.

⑤ 앞서 보았던 구독 요금제 선택 화면으로 연결됩니다.

⑥ 챗GPT의 GPT 4o, o1 등 언어 모델을 변경할 수 있습니다. 마지막의 임시 채팅을 누르면 해당 채팅이 기록에 표시되거나 모델을 훈련하는 데 사용되지 않습니다.

⑦ 프로필 메뉴입니다. 사용자 계정과 관련된 정보를 확인할 수 있습니다. 버튼을 클릭하면 다음 팝업 창이 생성됩니다.

    '작업' 메뉴는 오퍼레이터 기능으로 연결됩니다. 오퍼레이터란 오픈AI에서 개발한 AI 에이전트로 웹브라우저를 통해 다양한 작업을 자동으로 수행할 수 있는 도구입니다. 사용자가 반복적인 작업에서 벗어날 수 있도록 해줍니다. 뉴스를 수집하거나 여행 예약 자동화, 온라인 쇼핑 자동화 등에 활용됩니다.

    '내 GPT'는 맞춤형 GPTs를 만들고 불러오는 메뉴입니다.

    'ChatGPT 맞춤 설정'은 커스텀 인스트럭션(Custom Instruction) 기능을 호출합니다. 별도 항목으로 상세 설명합니다.

    '설정' 창은 기본적인 환경을 조정할 수 있습니다. 알아 두면 편리한 옵션이므로, 상세 내용을 후술합니다.

⑧ 입력(Prompt)창입니다. '+' 버튼은 파일을 업로드하고, '검색' 버튼은 외부 인터넷 검색을 허용하며, '심층 리서치'를 적용하는 아이콘과 Sora 등을 사용하는 '이미지 그리기' 버튼도 있습니다. '…' 아이콘에는 글쓰기 및 코딩 협업을 하는 '캔버스' 버튼이 존재합니다.

가장 우측의 버튼을 누르면 음성 모드를 사용할 수 있습니다.

창 아래에는 대화 예시를 제시하여 자주 사용하는 주제를 선택할 수 있도록 하였습니다.

SHIFT + Enter를 사용하면 채팅창에서 줄 바꿈을 할 수 있습니다.

커스텀 인스트럭션

커스텀 인스트럭션(Custom Instruction) 기능은 사용자가 AI의 응답 스타일과 대화 방식을 원하는 대로 조정하는 기능입니다. 기본적인 개인화 옵션을 통해 사용자의 선호에 맞게 AI 챗봇이 작동하도록 합니다.

맞춤형 챗봇인 GPTs의 '지침'(instruction)이 해당 GPTs에만 작동한다면, 메뉴 하단의 '새 채팅에 사용'을 활성화하면 커스텀 인스트럭션은 모든 대화에 적용됩니다. 따라서, 지침에 적용되는 프롬프트 엔지니어링 기법은 커스텀 인스트럭션에도 동일하게 적용됩니다. 예를 들어, 커스텀 인스트럭션에서의 입력(프롬프트)은 앞서 보았던 대화의 총 토큰 리미트에 반영됩니다.

ChatGPT 맞춤 설정

자기소개를 하고 보다 내게 맞춰진 응답을 받으세요 ⓘ

ChatGPT가 어떻게 불러드리면 좋을까요?

> 문진

어떤 일을 하고 계신가요?

> 공인회계사

ChatGPT가 어떤 특성을 지녔으면 하나요? ⓘ

> 내가 특별한 언급이 없으면 자연스러운 한국어로 대답해줘. 때때로 재기 넘치는 유머를 구사합니다. 앞으로를 염두에 두며 생각합니다. 새롭고 혁신적인 사고를 합니다.

(+ 수다쟁이) (+ 재간둥이) (+ 빈말하지 않음) (+ 지지적) (+ Z세대)

(+ 회의적) (+ 관습 중시) (+ 미래지향적) (+ 문학적) (↺)

ChatGPT가 당신에 대해 알아야 할 내용이 또 있을까요? ⓘ

> 나는 세무업무에 AI를 활용하는 세무 자동화에 관심이 많아. 실무적인 예시를 많이 들어 설명해줘.
> 또한, 나는 미국 주식에 투자하고 있어. 기술적 분석보다는 거시 경제적 관점과 장기 투자 관점에서 설명해줘|

⬤ 새 채팅에 사용   (취소) (저장)

해당 커스텀 인스트럭션 메뉴에는 2가지 주요 질문이 있습니다.

'어떤 일을 하고 계신가요'와 'ChatGPT가 당신에 대해 알아야 할 내용이 또 있을까요?'라는 질문에서는 사용자의 정보를 묻습니다. 해당 창에는 사용자의 관심사, 직업, 선호하는 주제를 입력합니다.

'ChatGPT가 어떤 특성을 지녔으면 하나요'라는 질의는 챗GPT의 응답 방식에 대한 질의입니다. 공식적으로 답할지, 간결하게 말

할지, 창의성을 발휘할지 등을 조절할 수 있습니다. 창 아래 예시
에서 선택하여 추가할 수 있습니다.

설정

설정 메뉴 중 '일반' 탭의 '아카이브에 보관된 채팅'이란 과거에
진행했던 채팅을 저장하여 나중에 다시 볼 수 있도록 한 기능입니
다. 이를 통해 특정 주제나 프로젝트에 대한 대화를 지속해서 참
고하거나, 필요할 때 다시 불러와 활성화하여 대화를 이어갈 수
있습니다. 다만, 프로젝트 기능이 추가되어 예전보다 사용도가 떨
어졌습니다.

아카이브에 보관된 채팅		✕
이름	생성 일자	
○ VoxScript summary	2024년 1월 22일	
○ Youtube Video Summary	2024년 1월 18일	

설정 메뉴의 '개인 맞춤 설정'은 앞서 보았던 커스텀 인스트럭션과 동일한 내용입니다.

설정 메뉴의 '데이터 제어' 탭에는 '모두를 위한 모델 개선', '공유 링크' 및 '데이터 내보내기' 옵션이 있습니다.

'모두를 위한 모델 개선'의 옵션 부분을 비활성화하면 개인 정보를 보호할 수 있습니다.

'공유 링크'는 사용자가 특정 채팅을 다른 사람과 공유할 수 있도록 생성된 링크를 관리하는 옵션입니다. 해당 옵션을 선택하여 특정 채팅으로 이동하거나 삭제할 수 있습니다. 참고로, 공유된 링크를 클릭하면 해당 대화 내용을 그대로 볼 수 있지만, 직접 수정하거나 추가적인 대화를 이어갈 수는 없습니다.

공유 링크			×
이름	유형	공유된 날짜	
⇄ 플러스 요금제 제한 사항	채팅	2025년 2월 26일	○ 🗑
⇄ 연구소 세액공제 요건	채팅	2025년 2월 18일	○ 🗑
⇄ 프로젝트와 GPTs 차이점	채팅	2025년 2월 18일	○ 🗑
⇄ 부동산 양도 세무 문제	채팅	2025년 1월 9일	○ 🗑
⇄ 물적분할 과세특례 해석	채팅	2025년 1월 8일	○ 🗑
⇄ 조기 진단 및 치료	채팅	2024년 3월 20일	○ 🗑
⇄ 엑셀 텍스트 분할 함수 (Excel Text Split)	채팅	2023년 12월 29일	○ 🗑
⇄ 암호화폐 책 소개	채팅	2023년 12월 27일	○ 🗑
⇄ Plugin Store Information	채팅	2023년 12월 25일	○ 🗑

'데이터 내보내기' 메뉴는 사용자가 이전에 진행한 채팅 내역과 관련된 데이터를 파일 형태로 다운로드 할 수 있도록 제공하는 옵션입니다. 내보낸 데이터는 ZIP 파일로 압축되어 제공되며, 압축을 풀면 JSON(구조화된 데이터) 또는 HTML(브라우저 사용) 형식의 대화 기록을 확인할 수 있습니다.

다시 시도하기(재생성)

이 기능을 활용하면 불필요한 반복 작업을 줄이고, 원하는 정보를 효율적으로 공유할 수 있습니다. ☺

챗GPT의 출력(응답) 화면 맨 아래에는 위와 같은 아이콘 모음 줄이 생겨납니다. 이 중 가장 우측의 아이콘은 (언어) 모델 바꾸기 옵션입니다.

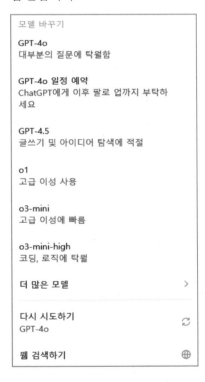

'모델 바꾸기' 옵션을 클릭하면 팝업 창이 생성됩니다. 당초 사용했던 모델(예, GPT-4o)과 다른 모델(예, GPT-4.5)로 변경하여 모델 간 응답의 차이를 비교해 볼 수 있으며, 가장 적정한 모델을 찾아 나갈 수 있습니다. 또한, 외부 인터넷 검색 옵션을 활성화 또는 비활성화하여 답변의 차이를 검토할 수 있습니다.

'다시 시도하기'(재생성, Re-generation)라는 옵션도 있습니다. 현재 채팅에서 제공된 응답이 만족스럽지 않을 때, 같은 모델에서 다른 방식으로 다시 답변을 생성하는 기능입니다. 같은 질문을 다시 입력하지 않고, 한

번의 클릭으로 새로운 답변을 받을 수 있습니다.

챗GPT는 언어 모델(Transformer)을 기반으로, 특정 단어가 등장할 확률을 계산하는 확률 모델에 따라 동작하기 때문에 같은 질문을 입력해도 매번 약간씩 다른 답변을 생성합니다.

'다시 시도하기'는 질문에 대해 더 다양한 표현이 필요할 때 사용하거나, 여러 답변을 비교하여 어떤 아이디어가 중요한 아이디어이고 다른 아이디어는 부수적인 아이디어인지 판정하고 싶을 때 활용 가능합니다. 여러 답변 중 공통으로 출현하는 아이디어가 핵심인 아이디어입니다. 위의 그림처럼 다시 생성하기를 통해 얻은 답변은 페이지 형태로 표시되어 비교하기가 용이합니다.

프롬프트 편집

출력(응답)이 완성된 후, 채팅창에 커서를 다시 위치시키면 아래 박스에서 보이는 연필 모양의 아이콘이 생성됩니다. 이때 커서를 아이콘에 위치시키면 메시지 편집이라는 팝업이 생성됩니다.

기업부설연구소 연구원의 인건비가 세액공제받기 위해서는 연구원이 속한 해당 조직이 대표이사 산하의 별도 조직으로 있어야 하는지 또는 생산이나 영업 담담 임원의 하부조직으로 존재하여도 되는지 알아봐줘

메시지 편집

!구원의 인건비가 세액공제를 받기 위해서는 다음과 같은 요건이 충족되어야 합니다:

프롬프트 편집 아이콘을 클릭하면 당초 프롬프트의 내용을 수정하여 다시 실행할 수 있습니다. 이를 통해 동일한 대화 흐름을 유지하면서 원하는 방식으로 답변을 조정할 수 있습니다.

AI 챗봇의 답변이 일부 틀리거나, 추가 정보가 필요할 경우 이를 직접 수정할 수 있습니다. 앞에서 본 '다시 생성하기'와 동일하게 답변이 페이지 형태로 표시되므로 비교하기 용이합니다. 보다 정교한 답변을 이끌어낼 수 있는 장점이 있습니다.

퍼플렉시티

퍼플렉시티(Perplexity)는 2022년에 설립된 인공지능 스타트업으로, 오픈AI와 DeepMind에서 연구원으로 활동한 경력이 있는, 인도계 출신의 아라빈드 스리니바스(Aravind Srinivas) 등이 공동 창업하였습니다.

퍼플렉시티는 자연어 예측 텍스트를 활용하여 사용자 쿼리에 답변하는 기능을 제공합니다. 특히 실시간 웹 인덱싱을 통해 최신 정보를 제공하며, 모든 응답에 출처 링크를 명확하게 제시하는 것이 특징입니다. 세무 상담을 진행할 때 출처 링크를 확인하여 환각 여부를 즉각적으로 판단할 수 있고 신뢰성을 확인할 수 있습니다.

종래 퍼플렉시티는 자체 대형언어모델이 없었으며, GPT-4, 클로드 등의 타사 모델을 사용하였습니다. 그러나, 2025년 1월 자체 개발한 고성능 AI 모델인 소나(Sonar)를 출시하였습니다. 이 모델은 메타의 라마(LLaMa) 3.3을 기반으로 구축되었습니다.

퍼플렉시티의 기능에는 맞춤형 AI 챗봇으로서 공간(Spaces)을 제공하고, 챗GPT의 심층 리서치에 대응하는 심층 연구 기능을 2025년 2월에 출시하였습니다. 다만, 심층 리서치에 비해 심층 연구의 시간은 상대적으로 짧고 결과물의 깊이도 덜합니다.

이외에도 '장점'이라는 프로 검색(Pro Search) 기능을 제공합니다. 일반 검색보다 3배 이상의 출처를 고려하여 더 높은 품질의 요약 정보를 출력합니다. 비교적 짧은 시간 안에 더 높은 품질의 응답이 가능하므로 필자는 일반적인 검색에 많이 사용합니다.

가입 방법

perplexity.ai 사이트로 이동한 후 기존 구글 계정 등으로 가입하거나 이메일 주소를 입력하여 계정을 만듭니다.

perplexity pro

Perplexity Pro는 무제한 Pro Search, 업그레이드된 AI 모델, 무제한 파일 업로드, 이미지 생성, 맞춤형 지식 허브 및 협업 공간을 통해 인터넷을 검색하는 가장 강력한 방법입니다 .

무료	장점	인기
US$0.00	US$20.00 / 월	
영구적	US$16.67 연간 청구 시	
무료로 시작. 신용 카드 필요 없음.	Perplexity의 모든 기능을 사용할 수 있으며 새로운 혜택이 추가되어도 즐기세요.	
Continue with free	**전문가 계정으로 계속하기**	
✓ 무제한 기본 검색	✓ 무료 제공됩니다	
✓ 하루에 3번 Pro 검색	✓ 딥 리서치에 접근하기	
✓ 하루에 3개의 파일 업로드	✓ 답변에서 인용 수가 10배 더 많습니다	
	✓ 최신 최고의 AI 모델에 의해 구동	
	✓ 무제한 문서 및 이미지 업로드	
	✦ 그리고 많은 더	

퍼플렉시티는 무료로도 사용할 수 있으나 월 20불의 전문가 계정으로 가입하는 것을 추천합니다. 챗GPT와는 달리 무제한 무료 검색, 무제한 파일 업로드가 가능하여 한도에 대한 부담이 없습니다.

사용 방법

퍼플렉시티의 홈화면입니다. 메뉴만 간단히 이해하기로 합니다. 챗GPT와 비교 설명하겠습니다.

① '새로운 쓰레드'(New Thread)는 새로운 대화를 시작할 수 있는 기능입니다.

'홈'(Home)은 메인 콘솔과 채팅 영역으로 이동할 수 있는 메뉴입니다.

'추천'(Discover)은 현재 인기 있는 주제와 트렌드를 볼 수 있는 기능입니다. 뉴스를 보여주는 포털의 첫 페이지와 유사한 구성입니다.

'공간'(Spaces)은 맞춤형 AI 챗봇 기능입니다. 챗GPT의 GPTs보다는 프로젝트에 가깝습니다.

'도서관'(Library)에서 사용자가 이전에 행했던 질문과 답변을 다시 볼 수 있습니다.

퍼플렉시티는 챗GPT와 달리 채팅을 검색하는 메뉴가 없습니다. 좌측 메뉴의 도서관을 클릭하면 새 창이 열리면서 중앙 상단에 '스레드 검색' 창이 보입니다. 스레드 검색에서 채팅을 검색할 수 있습니다.

② 프로필(Profile) 메뉴입니다. 사용자 계정 명을 클릭하면 드롭다운 메뉴에서 '익명'의 옵션이 선택 가능합니다. 시크릿 모드는 사용자가 대화를 저장하지 않고 진행할 수 있는 기능입니다.

다음은 톱니바퀴 모양의 아이콘을 선택했을 때 새 창으로 열리는 '설정'의 '계정' 탭입니다.

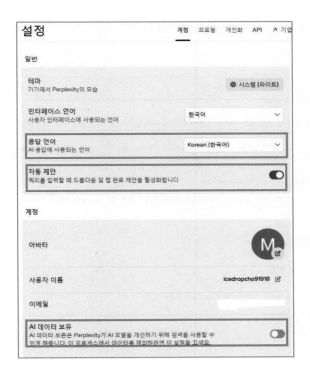

'응답 언어' 메뉴에서 인터페이스 언어와 응답 언어를 한국어로 변경합니다.

그리고, '자동 제안' 메뉴에서 쿼리를 입력할 때 드롭다운 및 완료 제안을 활성화하면 AI의 도움을 받을 수 있습니다.

마지막으로 'AI 데이터 보유' 옵션을 비활성화하면 개인 정보를 보호할 수 있습니다.

설정의 '프로필' 탭에서는 사용자 정보를 제공하는 항목이 존재합니다. 다만, 챗GPT의 커스텀 인스트럭션과는 다르게, 모든 대화에 적용할 수 있는 '지침'과 같은 지시문을 작성하는 기능은 없습니다(지침은 74페이지를 참조하세요).

설정

계정   **프로필**   개인화   **API**   ↗ 기업

개인 맞춤형 답변을 위해 자기소개를 해주세요. AI가 알아야 할 모든 정보나 지시사항을 공유해주세요.

귀하의 프로필은 비공개이며 AI가 귀하에게 더 유용하게 도움을 줄 수 있도록 지시하는 데에만 사용됩니다. 언제든지 프로필을 일시 중지하거나 지울 수 있습니다.

자기소개를 하고 싶은 만큼 공유해주세요

> 나는 세무업무에 AI를 활용하는 세무 자동화에 관심이 많아. 실무적인 예시를 많이 들어 설명해줘.

🗑 지우기   → 저장

⟨⟩ 당신을 위한 질문들

세무 자동화 분야에서 가장 흥미로운 AI 기술은 무엇인가요?

> AI 검색과 심층연구

건너뛰기   ✓

세무 업무 외에 관심 있는 분야나 취미가 있으신가요?

> 주식투자, 자전거 라이딩

건너뛰기   ✓

강남구에서 일하시면서 느낀 장단점은 무엇인가요?

> 교통이 편리하다

건너뛰기   ✓

프롬프트 창에서 모드 선택

2025년 3월 말 홈화면의 프롬프트 창에 새로운 변화가 생겼습니다.

프롬프트 창의 좌측 하단이 '검색' 버튼과 '연구' 버튼으로 축소되었습니다. 두 버튼 중 하나는 반드시 선택되어야 하는 양자택일 관계입니다.

'장점'(Pro) 검색은 유료 서비스로, 더 향상된 기능을 제공합니다. 다양한 AI 모델(자체 Sonar, GPT-4o, Claude 3.7 등)을 활용하며, 관련 이미지와 비디오 자료도 같이 제시합니다. PDF 파일을 무제한으로 업로드하고 분석할 수 있습니다. 필자가 가장 선호하는 검색 모드입니다.

'심층 연구'(Deep Research)는 AI 기반의 심층 검색 및 추론 서비스를 제공하는 최신 기능입니다. 수십 개의 검색을 수행하고 수백 개의 출처를 읽으며 자료를 추론하여 포괄적인 보고서를 제공합니다. 수 시간이 걸리는 전문가급 연구·분석을 단 몇 분 만에 수행해 냅니다. 필자는 복잡한 세무 업무에 주로 사용합니다.

프롬프트 창에서 모델 선택

모드에서 심층 연구를 선택하면 AI 모델을 선택할 수 없지만, pro 검색을 선택한 경우에는 AI 모델을 선택할 수 있습니다. 우측의 첫 번째 이중 네모를 클릭하면 선택 창이 팝업됩니다.

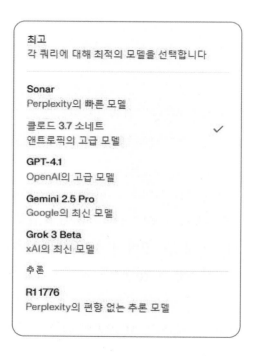

'최고' 기능은 퍼플렉시티의 기본 기능입니다. 사용자의 질문을 이해하고 가장 적합한 AI 모델을 선택합니다.

'Sonar'는 퍼플렉시티가 자체 개발한 AI 모델입니다. 생성형 AI 검색 에이전트의 API가 저렴하여, 낮은 비용으로 고품질 검색이 가능한 장점이 있습니다.

'클로드-3.7 소넷'은 앤트로픽(Anthropic)에서 개발된 모델로 고급 데이터 분석 및 자연어 이해 능력이 뛰어납니다.

'GPT-4o'은 최대 128,000토큰의 컨텍스트 윈도우를 지원하여, 긴 문서와 복잡한 작업 처리에 적합합니다.

'Gemini 2.0 Flash'는 구글에서 개발된 모델로, 200만 토큰 컨텍스트 윈도우를 제공하여 매우 긴 텍스트를 처리할 수 있습니다.

'Grok-2'는 X(구 트위터)에서 개발한 모델로 수학 및 기술 요약에서 높은 정확도를 기록합니다.

이외에도 추론 모델로서 퍼플렉시티의 자체 모델 R1 1776, 오픈 AI의 o3-mini, Claude 3.7 소넷 사고 모델을 사용할 수 있습니다.

사용자들의 투표에 의해 대형언어모델(LLM)의 성능을 비교하는 Chatbot Arena 리더보드(https://lmarena.ai/?leaderboard) 사이트에 따라 위 모델 간의 우열을 비교해 보겠습니다. 괄호 안의 수치는 위 사이트에서 해당 모델의 점수(score)입니다.

Overall Questions

#models: 229 (100%)   #votes: 2,887,373 (100%)

Rank★ (UB)	Rank (StyleCt	Model	Arena Score	95% CI	Votes	Organiz	License
1	1	Gemini-2.5-Pro-Exp-03-25	1439	+6/-5	10389	Google	Proprietary
2	1	o3-2025-04-16	1418	+14/-9	2211	OpenAI	Proprietary
2	3	ChatGPT-4o-latest (2025-03-26)	1408	+6/-5	9229	OpenAI	Proprietary
3	5	Grok-3-Preview-02-24	1402	+4/-5	14840	xAI	Proprietary
3	5	Gemini-2.5-Flash-Preview-04-17	1393	+10/-7	4073	Google	Proprietary
4	3	GPT-4.5-Preview	1398	+4/-5	15285	OpenAI	Proprietary
7	12	Gemini-2.0-Flash-Thinking-Exp-01-21	1380	+4/-4	26903	Google	Proprietary
7	5	DeepSeek-V3-0324	1373	+6/-7	6792	DeepSeek	MIT
8	5	GPT-4.1-2025-04-14	1363	+10/-9	2927	OpenAI	Proprietary
9	7	DeepSeek-R1	1358	+5/-4	16857	DeepSeek	MIT

해당 사이트의 리더보드 점수는 언어 모델의 객관적인 성능을 측정한 지표가 아니라 사용자의 심리를 반영하는 소프트 데이터여서 정확성이 떨어지는 단점이 있습니다. 다만, 최신 모델과 구형 모델을 동시에 비교하는 자료를 찾기가 어렵기 때문에, 최신 모델과 구형 모델의 비교 목적으로 사용합니다.

GPT-4.5 (1404)	>	GPT-4.0 (1375)	>	Gemini 2.0 Flash(1355)	>	Claude3.7 (1309)	>	Grok-2 (1288)

GPT-4.5가 최고의 성능이지만 Plus 회원제는 하루에 10회 사용 제한이 있으므로, 그 다음으로 성능이 좋은 GPT-4.0을 주로 사용하는 것을 추천합니다. 좋은 언어 모델을 사용하여야 맥락의 이해도가 높고, 세무 상담에서 쟁점 파악을 잘할 수 있습니다.

'추론'(Reasoning) 모드는 복잡한 문제 해결이나 고도의 지식이 필요한 분야에 적합한 고급 기능입니다. 다단계 추론을 통해 질문에 대해 더 깊이 있는 접근 방식을 취하며, 필요한 추가 정보를 자동으로 검색하여 제공합니다.

프롬프트 창에서 검색 범위 선택

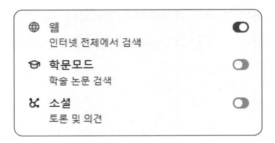

프롬프트 창에서 우측 하단의 지구 모양 아이콘을 클릭하면 드롭다운 메뉴가 나타나며, 검색 대상을 지정할 수 있습니다.

① 웹(Web) 모드: 기본 검색 모드로, 인터넷 전반에서 정보를 검

색하여 질문에 대한 답을 제공합니다.

② 학문(Academic) 모드: 학술 데이터베이스와 논문, 학술지 등의 자료를 활용하여 신뢰성 높은 연구 기반의 답변을 제공합니다. 연구 논문 작성이나 학술적 질문, 또는 특정 주제에 대한 심층적인 정보를 얻고 싶을 때 사용합니다. 논문의 최신 트렌드를 확인하려면 '2024년 이후 발표된 논문'과 같이 연도를 지정해서 검색하면 됩니다.

③ 소셜(Social) 모드: 소셜 미디어 플랫폼, 온라인 포럼 및 커뮤니티에서 실시간으로 논의되는 주제와 대중의 의견을 분석합니다.

재생성과 프롬프트 편집

챗GPT와 동일하게 출력(응답) 화면 맨 아래에는 '다시쓰기' 아이콘이 있습니다. 또한, 응답이 완료한 프롬프트 창에 커서를 가져가면 '쿼리 편집'이라는 아이콘이 팝업됩니다. 챗GPT의 프롬프트 편집과 동일한 기능입니다(구체적인 사용 방법은 79페이지를 참조하세요).

펠로

펠로(Felo) AI는 일본 도쿄에 본사를 둔 스타트업 Felo Inc.에서 개발한 AI 검색 에이전트입니다. 펠로는 2024년 9월에 공식적으로 출시되었습니다.

펠로는 앞서 보았던 퍼플렉시티와 유사한 AI 검색 에이전트에 해당하지만, 다국어 검색과 시각화라는 특징을 가지고 있습니다. 프로젝트별 자료를 정리하고 마인드맵 형태로 시각화하거나 검색 결과를 기반으로 파워포인트 슬라이드를 자동 생성합니다.

그리고, 사용자가 모국어로 질의하면 전 세계 다양한 출처에서 검색한 후 이를 번역하여 포괄적인 답변을 제공합니다. 다른 검색 엔진이 한국어로 질문하면 한국어로 작성된 자료를 우선적으로 검색 결과에 제공하는 것과 차이가 있습니다. 일반적인 검색엔진은 검색어의 언어와 웹사이트 문서의 언어 일치 여부, 접속 지역 사이트의 컨텐츠를 우선적으로 제공하기 때문입니다.

펠로의 기능에는 맞춤형 AI 챗봇으로 주제 모음(Topic Collections) 기능이 있습니다. 사용자가 관련된 스레드나 검색 결과를 하나의 컬렉션으로 그룹화하여 체계적으로 관리할 수 있도록 돕는 도구입니다.

이외에도 퍼플렉시티의 장점(pro)이라는 검색에 대응하여 '깊은' 검색을 지원합니다. 깊은 검색은 복잡한 문제를 해결하거나 전문적인 정보가 필요할 때 적합합니다. 특히 AI를 활용한 세무 업무와 같은 전문 분야에서 깊은 검색을 활용할 수 있습니다.

필자는 AI 검색 에이전트 모델로 주로 퍼플렉시티를 사용하고 펠로는 보조로 사용합니다. Felo Agent의 기능은 뛰어나지만 검색 엔진이나 전반적인 검색 능력은 퍼플렉시티가 우월하기 때문입니다.

가입 방법

felo.ai 사이트로 이동한 후 기존 구글 계정 등으로 가입하거나
새로운 이메일을 입력하여 가입할 수 있습니다.

개인 사용자 요금제는 연간 구독과 월간 구독으로 나뉩니다. 더
많은 검색 횟수, 고급 기능을 포함하며, 무제한 파일 분석과 무제
한 PowerPoint를 제공합니다. 하루 300회의 프로 검색은 사용하기
에 부족하지 않습니다.

사용 방법

펠로의 홈화면입니다. ③프롬프트 창과 ④ 펠로 챗은 별도 항목으로 후술합니다.

① '새 스레드'를 클릭하면 새로운 채팅을 만듭니다.

'Felo Agent'란 사용자가 필요로 하는 정보를 자동으로 분석하고 실행할 수 있는 결과물을 생성해 주는 AI 기반 업무 자동화 도구입니다. 안타깝게도 세무 업무와 관련된 에이전트는 준비되어 있지 않습니다.

'주제 모음'은 맞춤형 AI 챗봇입니다. 사용자가 특정 주제와 관련된 검색 결과와 자료를 체계적으로 정리하고 관리할 수 있는 기능입니다.

'이력 기록'에서 이전 검색 결과를 볼 수 있습니다.

펠로도 퍼플렉시티처럼 채팅을 검색하는 메뉴가 없습니다. 좌측 메뉴의 이력 기록을 클릭하면 화면이 바뀌면서 중앙 상단에 '검색' 창이 보입니다. 검색 창에서 채팅을 검색할 수 있습니다.

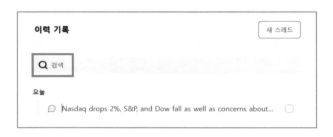

② 프로필(Profile) 메뉴입니다.

톱니바퀴 아이콘을 클릭하면 사용자 설정 화면으로 이동합니다.

사용자 설정　　　　　　　　　　　　　　계정　🏢 기업

답변 선호도

고급 AI 모델 설정 `Pro` ❶　　　　　　　선택된 5 개의 고급 모델 ⌄
응답 모델에는 GPT-4o, Claude3.5-Sonnet 등이 포함됩니다.

심층 추론 모드 `실험적` ❷　　　　　　　　　　　　　　　🔘
활성화 시 Pro 모드에서 심층 추론 사용 가능

선호하는 응답 언어 ❸　　　　　　　　　Korean (한국어) ⌄
답변은 이 언어로 표시됩니다

개인화된 응답 맞춤화 ❹　　　　　　　　　　　　　　　　＞
AI가 결과에 답변하기 위해 개인 정보를 참조하도록 안내합니다

설정

외관　　　　　　　　　　　　　　　　　🖥 시스템 설정 ⌄
장치에서의 표시 방법

인터페이스 언어 ❺　　　　　　　　　　　　한국어 ⌄
사용자 인터페이스 표시 언어

AI 데이터 보유 ❻　　　　　　　　　　　　　　　　　　　◯
AI 데이터 보존을 통해 Felo 또는 모델 제공업체가 귀하의 검색 데이터를 사용하
여 AI 모델을 개선할 수 있습니다. 이 과정에서 귀하의 데이터가 사용되는 것을
원하지 않으시면 이 설정을 끄시기 바랍니다.

개인 정보 정책　　　　　　　　　　　　　　　　　　　＞

이용 약관　　　　　　　　　　　　　　　　　　　　　＞

① '고급 AI 모델 설정'은 내용이 많아 별도 항목으로 후술합니다.

② '심층 추론 모드'를 활성화하면 복잡한 질문에 대해 더 깊이
답변을 생성할 수 있습니다. '깊은' 검색이 가능해집니다.

③ '선호하는 응답 언어'에서 사용자가 선호하는 언어를 선택하여 답변받을 수 있습니다. 글로벌 언어 지원 기능과 결합하여 다양한 언어로 응답을 제공합니다.

④ '개인화된 응답 맞춤화'는 퍼플렉시티의 프로필 탭과 동일하게 사용자의 검색 선호도와 요구 사항을 기재하여 AI가 최적화된 답변을 제공하도록 설정할 수 있습니다.

⑤ '인터페이스 언어'에서 사용자가 선호하는 인터페이스 표시 언어를 선택합니다.

⑥ 'AI 데이터 보유'를 비활성화하여 사용자의 데이터를 AI가 사용하지 못하도록 할 수 있습니다.

고급 AI 모델 설정

'고급 AI 모델 설정'에서는 펠로가 제시하는 AI 모델 중 5개를 선택하여 활용할 수 있습니다.

해당 모델에 대한 설명은 '퍼플렉시티'의 '프롬프트 창에서 모델 선택' 부분을 참고 바랍니다(88페이지를 참조하세요).

여기에서도 Chatbot Arena 리더보드(https://lmarena.

ai/?leaderboard) 사이트에 따라 위 모델 간의 우열을 비교해 보겠습니다. 괄호 안의 수치는 위 사이트에서 해당 모델의 점수(score)입니다.

GPT-4.0 (1377) **>** DeepSeek R1 (1363) **>** Gemini 2.0 Flash(1357) **>** OpenAI o3-mini(high) (1329) **>** DeepSeek V3 (1318) **>** Claude 3.7 Sonnet (1309)

퍼플렉시티와 동일하게 펠로에서도 GPT-4.0을 주로 사용합니다. 이외에 본인의 선택에 따라 추론 모델(예, OpenAI o3-mini(high))을 사용하거나 추론·비추론 통합 모델(예, Claude 3.7 Sonnet)을 사용할 수 있습니다.

프롬프트 창에서 검색 범위 선택

검색 소스 **웹 검색 ∧** 📎 🖼		
검색 범위		
🔍 **웹 검색** 언어를 초월한 전 세계 검색	💬 **대화** 인터넷 검색 없이 대형 언어 모델로 답변 생성	🐱 **Felo Agent** `Beta` 에이전트 연구 후 답변
📃 **소셜 토론** 토론 및 의견 수집	✴ **학술적** 발표된 학술 논문 검색하기	📄 **문서** 특정 형식의 문서를 검색
📷 **샤오훙슈** 새로운 라이프스타일 트렌드 검색	🐙 **Reddit** 관점 및 인기 주제 찾기	**X** x 전 세계 최신 뉴스를 검색합니다

프롬프트 창에서 좌측 하단의 검색 소스를 클릭하면 검색 범위에 관한 드롭다운 메뉴가 생성됩니다.

해당 검색 범위에 대해서는 제목 밑의 간단한 설명을 참조하시기 바랍니다.

프롬프트 창에서 모델 선택

프롬프트 창의 우측 하단을 클릭하면 AI 모델을 선택할 수 있습니다.

드롭다운 메뉴에 표시되는 AI 모델은 설정의 고급 모델 설정에서 선택한 5개의 AI 모델을 표시한 것입니다(98페이지를 참조하세요).

그리고, Pro 검색(Search)을 활성화하면 깊은 검색이 가능해집니다. 깊은 검색은 보다 심층적이고 포괄적인 정보를 탐색하며, 데이터 간의 관계나 맥락을 분석하는 데 중점을 둡니다.

드롭다운 메뉴의 최하단에는 Pro 검색의 남은 횟수가 표시됩니다. 참고로 Pro Search를 활성화하면 빠른 검색을 하더라도 사용 가능 횟수는 감소합니다. 다만, 하루에 300회를 제공하므로 부족한 경우는 거의 없습니다.

재생성과 프롬프트 편집

챗GPT와 동일하게 출력 화면 맨 아래에는 '다시쓰기' 아이콘이 있습니다. 또한, 응답을 완료한 채팅창에 커서를 가져가면 '질문을 편집하여 다시 답변'이라는 아이콘이 생성됩니다. 챗GPT의 프롬프트 편집과 동일한 기능입니다(79페이지를 참조하세요).

펠로 챗

홈 화면 하단의 'Felo Chat'을 클릭하면 새 창이 팝업됩니다. 펠로 챗에서는 다양한 AI 모델과 프롬프트를 활용하여 맞춤형 대화와 작업을 수행할 수 있습니다. 화면을 분할하여 2개의 창을 띄워 놓고 AI 모델을 활용한 결과를 비교 분석할 수 있는 점이 특징입니다.

지침은 주제별로 펠로에서 기본으로 제공하며, 주제는 여행 가이드, 프롬프트 생성기, 회의 요약 도우미 등이 있습니다.

제3장

Prompt
Engineering

제3장

Prompt Engineering

1. 효과적인 프롬프트 작성 기법

생성형 AI에서 프롬프트(Prompt)란 AI에게 특정한 작업이나 답변을 요청하기 위해 작성하는 명령이나 지시문입니다. 즉, 프롬프트는 AI가 답변을 생성할 수 있도록 이끄는 질문이나 지침입니다.

생성형 AI는 사용자가 입력한 프롬프트를 분석하고, 그 의미와 맥락을 파악한 뒤, 이에 적합한 답변을 자연어 형태로 생성합니다. 따라서, 프롬프트는 AI가 어떠한 결과물을 만들어 낼지 여부를 결정하는 중요한 출발점이므로, 효과적인 프롬프트 작성법이 필요합니다.

'프롬프트 엔지니어링'(Prompt Engineering)이란 생성형 AI로부터 원하는 결과물을 얻기 위해 효과적이고 최적화된 프롬프트(지시문, 명령어)를 설계하고 개발하는 과정을 말합니다. 즉, AI가 이해하기 쉽도록 질문을 만드는 기술입니다.

프롬프트 엔지니어링은 AI와의 대화에 모두 적용됩니다.

첫째, 홈화면의 채팅창(Chat Interface)에서 사용자가 AI에게 직접적으로 질문을 입력할 때 필요합니다.

둘째, 맞춤형 AI 챗봇인 GPTs의 '지침' 또는 프로젝트의 '지침'에서 프롬프트 엔지니어링이 활용됩니다. 사용자가 AI 챗봇의 행동이나 응답 스타일을 지속해서 조정하기 위해 설정하는 초기 프롬프트로, GPTs 등의 성격을 정하는 지침서 역할을 합니다. 퍼플렉시티의 공간에서는 '설명서', 펠로에서는 '사용자 정의 프롬프트'라고 불립니다.

셋째, 커스텀 인스트럭션(Custom Prompt Templates)입니다. 자주 사용하는 업무 프로세스나 상담 업무에서 반복적으로 활용될 수 있도록 미리 작성된 프롬프트 셋(set)입니다. 모든 대화에 적용됩니다(상세 내용은 74페이지를 참고하세요).

다만, 사용자가 AI 챗봇을 하나의 목적으로만 사용하지 않는 이상, 커스텀 엔지니어링에 저장하기보다는 맞춤형 AI 챗봇에 프롬프트를 사용하는 것이 효과적입니다.

프롬프트 엔지니어링이 필요한 가장 큰 이유는 생성형 AI가 '창발적 능력'(Emergent Abilities)과 '블랙박스'적 특성을 동시에 가지고 있기 때문입니다.

대형언어모델이 수십억에서 수조 개의 매개 변수를 가지면서 시스템 크기가 증가함에 따라 인간이 미처 예상하지 못했던 새로운 능력을 보여주는 현상을 창발적 능력이라고 합니다. 방대한 매개 변수들이 어떻게 상호 작용하여 결과물을 만들어 내는지는 개발 자조차 완벽히 이해하기 어렵습니다.

인간이 생성형 AI의 작동 원리를 100% 이해할 수 없기에 생성 형 AI에게 가장 효율적인 질문을 하는, 하나의 방법은 없습니다. 다만, 다수의 경험을 통해 축적된 노하우를 바탕으로 몇 가지 방 법론을 제시할 뿐입니다.

또한, GPT-4와 같은 고도화된 AI 챗봇에서는 AI의 이해력이 이 전 모델보다 월등히 향상되었기 때문에, 사용자가 다소 모호하거 나 간단한 질문을 하더라도 충분히 맥락을 파악할 수 있게 되었습 니다. 프롬프트 셋을 정교하게 설계하지 않아도 비교적 좋은 결과 를 얻을 수 있게 되었습니다. 하지만, 인공일반지능(AGI)이 나오기 전까지는 아직도 프롬프트 엔지니어링 기법들에 의해 답변의 질 을 향상할 수 있는 여지가 충분하다고 생각됩니다.

AI를 활용한 세무 업무에서는 상당 기간 동안 얼마나 효율적으 로 프롬프트를 작성하는지 여부가 개인의 AI 실력을 판정하는 중 요한 척도가 될 것으로 생각합니다.

이 책에서는 오픈AI, 구글, 앤트로픽, 마이크로소프트 등에서 발 표된 프롬프트 엔지니어링 기법들에 대한 논문과 자료, 국내 도서 등을 참고로 하여 설명하겠습니다.[8]

2. 개별적인 기법

페르소나(역할 놀이)

페르소나(Persona)란 그리스어로 가면이라는 뜻입니다. 단순히 '가면'이라는 직역보다는 역할(Role)이라는 의역이 더 이해하기 쉽습니다.

프롬프트 엔지니어링에서 페르소나란 AI가 특정 역할이나 인격, 혹은 캐릭터의 관점에서 답변하도록 설정하는 기법입니다. 즉, AI가 실제 사람처럼 특정한 정체성, 직업, 성격을 가지고 사용자와 대화하게 만드는 것입니다. 예를 들자면, 프롬프트에 "당신은 20년 이상 경력을 가진 세무 전문가입니다"라고 기재합니다.

페르소나 설정의 이점은, 첫째 정확도를 향상시킵니다. 세무 상담 또는 재무 모델링과 같은 복잡한 시나리오에서 특정 전문성을 가진 인물의 관점에서 대답하기 때문에 보다 구체적이고 맥락에 맞는 답변을 제공합니다.

둘째, 소통이 자연스러워지고 톤(ton)이 세련되어집니다. 카피라이터의 감각이 필요하거나 세무 대리인의 전문성이 필요할 때 그 역할에 맞는 어투와 톤을 조정합니다.

셋째, 사용자의 목적과 맥락에 부합한 답변을 만들어 냅니다. 세무 상담에서 쟁점을 파악하고, 깊이 있는 분석을 실시하며, 통찰력을 제공합니다.

역할 기법은 다른 기법을 사용하더라도 프롬프트의 💡 첫머리에 위치하는 것이 좋습니다. 참고로 AI의 정확한 이해를 위해서는, 중요한 내용을 프롬프트 셋의 처음 또는 마지막에 위치시켜야 합니다.

그렇다면, 한 줄의 역할 부여만으로 충분할까요? 세무 전문가라 하더라도 AI가 인식하는 세무 전문가의 자질과 사용자가 인지하고 있던 그것에 차이가 날 수 있습니다. 사용자는 본인이 원하는 자질과 조건을 AI에게 인식시켜야 합니다.

하지만, 세무 전문가의 자질을 짧게 요약하기란 쉽지 않습니다. 그럴 때는 💡 AI 챗봇에게 세무 대리인이 가져야 할 자질과 능력을 질문하면 됩니다. 그 답변을 사용자가 검토하여 첨삭한 후 다시 프롬프트에 넣어 줍니다.

이러한 과정이 번거롭게 느껴질 수도 있지만 AI를 잘하는 방법은 AI를 많이 사용하는 것입니다. 모든 문제를 계속해서 AI에게 질의해야 합니다.

세무 상담을 하는 세무 대리인의 예시를 보겠습니다.

 **Prompt**

세무 상담을 하는 세무 전문가로서 갖추어야 할 자질에 관해서 설명해 줘.

Perplexity

세무 상담을 하는 세무 전문가로서 갖추어야 할 주요 자질은 다음과 같습니다:

전문 지식과 기술
- 세법에 대한 깊이 있는 이해와 지속적인 학습 능력[1][3]
- 회계와 재무에 대한 전문 지식[2]
- 분석적 사고방식과 뛰어난 수학적 능력[4]
- 최신 세무 소프트웨어 활용 능력[3]

윤리 의식과 책임감
- 고객 정보 보호와 공정한 업무 수행을 위한 윤리 의식[4]
- 성실성과 책임감 있는 태도[4]

의사소통 능력
- 복잡한 세무 개념을 고객에게 이해하기 쉽게 설명할 수 있는 능력[3]
- 신뢰감을 주는 태도와 원만한 대인관계 능력[4]

세부적인 성향
- 침착함과 정교함[7]
- 꼼꼼하고 정확한 업무 처리 능력[7]

지속적인 자기 계발
- 변화하는 세법에 대한 지속적인 학습과 적응 능력[1][3]
- 실무 경험을 통한 전문성 강화[3]

세무 전문가는 이러한 자질들을 바탕으로 고객에게 최적화된 세무 서비스를 제공하고, 신뢰받는 조언자로서의 역할을 수행할 수 있습니다.

대괄호[ ] 안의 숫자는 출처를 의미합니다. 단, 출처의 내용이 길어서 게재하지 않았습니다. 이번에는 챗GPT의 답변입니다.

 ChatGPT-4o

세무 상담을 하는 세무 전문가로서 갖추어야 할 자질은 다음과 같이 정리할 수 있습니다. 세무 전문가는 단순히 세법을 아는 것을 넘어, 고객의 문제를 정확히 진단하고 해결책을 제시할 수 있어야 합니다. 이를 위해서는 다음과 같은 역량이 필수적입니다.

1. 세법 및 회계 지식
- 세법의 철저한 이해: 법인세, 소득세, 부가가치세, 상속·증여세 등 다양한 세목에 대한 전문적인 이해가 필요합니다.

- 회계기준 숙지: 기업회계기준(K-IFRS, 일반기업회계기준 등)과 세법상의 회계 처리 차이를 이해하고 있어야 합니다.
- 세법 개정에 대한 지속적인 학습: 세법은 매년 개정되므로, 최신 개정 내용을 지속적으로 학습하고 실무에 반영해야 합니다.

2. 실무 경험 및 문제 해결 능력
- 기업 및 개인 고객에 대한 컨설팅 경험: 다양한 산업군의 기업과 개인 고객을 대상으로 세무 컨설팅 경험이 필요합니다.
- 리스크 분석 및 절세 전략 수립: 고객의 상황을 정확히 분석하고, 합법적인 절세 전략을 수립할 수 있어야 합니다.
- 세무조사 대응 능력: 세무조사 시 리스크를 최소화하고 고객이 불이익을 받지 않도록 대응할 수 있어야 합니다.

3. 커뮤니케이션 및 상담 스킬
- 고객의 니즈를 파악하는 능력: 고객이 어떤 세무 문제를 겪고 있는지 명확하게 진단하고, 그에 맞는 솔루션을 제공해야 합니다.
- 전문 용어를 쉽게 풀어 설명하는 능력: 고객은 세무 용어에 익숙하지 않기 때문에, 세무 내용을 쉽게 이해할 수 있도록 설명하는 능력이 필요합니다.
- 신뢰 구축 및 윤리 의식: 세무 정보는 민감한 정보이므로, 고객과 신뢰 관계를 유지하는 것이 중요합니다.

4. AI 및 디지털 도구 활용 능력

- AI 기반 세무 분석 및 자동화 활용: AI를 활용한 데이터 분석, 챗봇 기반 상담, 자동화된 세무 신고 시스템 등을 적극적으로 활용할 수 있어야 합니다.
- 클라우드 회계 및 ERP 시스템 활용: 더존, SAP, QuickBooks 등의 회계·세무 시스템을 능숙하게 다룰 수 있어야 합니다.
- 데이터 분석 및 시각화 능력: AI를 활용한 세무 데이터 분석 및 리포팅을 통해 고객에게 인사이트를 제공할 수 있어야 합니다.

5. 윤리 의식 및 법률 준수

- 납세자의 권익 보호 및 법률 준수: 절세 전략을 수립할 때, 법의 테두리 내에서 합법적인 방안을 제시해야 합니다.
- 세무 대리인의 윤리 강령 준수: 조세회피나 탈세를 유도하는 행위를 방지하고, 정직하고 투명한 세무 상담을 해야 합니다.
- 비밀 유지 및 개인정보 보호: 고객의 세무 정보는 철저히 보호되어야 하며, 외부 유출을 방지해야 합니다.

6. 글로벌 세무 역량

- 국제 조세 및 이전가격 이해: 다국적 기업과 해외 사업을 운영하는 고객을 위해 국제 조세(이전가격, 해외 현지법, 조세 조약 등)에 대한 이해가 필요합니다.
- 외국어 능력(특히 영어): 글로벌 고객 및 해외 세무기관과의 소통을 위해 기본적인 영어 실력이 필요합니다.

결론

세무 전문가는 단순히 세금 신고를 대행하는 것이 아니라, 고객의 재무·세무 문제를 해결하고 최적의 세무 전략을 제시하는 역할을 합니다. 이를 위해 세법 지식, 실무 경험, 커뮤니케이션 능력, AI 활용 역량, 윤리 의식, 글로벌 세무 역량 등이 필수적으로 요구됩니다.

앞으로 AI와 빅데이터가 세무 분야에서도 점점 더 중요해질 것이므로, 디지털 기술을 적극적으로 활용하는 것이 경쟁력 확보에 필수적입니다.

퍼플렉시티는 세무 상담을 하는 세무 전문가의 자질에 대해서 간략하게 제시한 반면에, 챗GPT-4o는 내용이 길고, 세무 상담이라는 포인트에서 다소 벗어난 사항도 보입니다(예, 외국어 능력). 이래서 퍼플렉시티를 더 많이 찾게 됩니다.

위 사항에 제 생각을 다소 첨삭해서 필자는 맞춤형 세무 상담을 위한 지침(Prompt Set)을 다음과 같이 작성했습니다. 너무 길게 작성하면 토큰 리미트(컨텍스트 윈도우)에 위배될 수 있으므로 간결하게 적습니다.

Prompt

#지시문

너는 20년 이상 세무 대리인으로서 근무한 세무 전문가야. 아래의 #전문지식과 기술, #의사소통 능력, #침착함의 자질을 갖춘 세무 전문가야.

#전문 지식과 기술
- 세법에 대한 깊이 있는 이해와 지속적인 학습 능력
- 회계와 재무에 대한 전문 지식
- 분석적 사고방식과 뛰어난 수학적 능력

#의사소통 능력
- 복잡한 세무 개념을 고객에게 이해하기 쉽게 설명할 수 있는 능력
- 신뢰감을 주는 태도

#침착함의 자질을 갖춘 세무 전문가
- 창의적이고 논리적인 사고를 통한 문제 해결 능력
- 꼼꼼함, 침착함과 세부 사항에 대한 주의

마크다운

앞에서 AI 챗봇의 답변 또는 프롬프트에서 '샵'(#)의 기호를 보셨을 것입니다. 이러한 구분 기호는 마크다운이라고 하는데, 마크다운(Markdown)이란 AI의 답변을 명확하고 구조적으로 표시하기 위해 사용되는 텍스트 서식(Formatting) 기법입니다. 마크다운은 일반 텍스트를 간단한 기호를 통해 시각적으로 쉽게 정리하는 방식입니다.

마크다운의 효과는 다음과 같습니다. 첫째, 가독성을 높여 줍니다. 단순한 작업에서는 마크다운이 큰 차이를 만들어 내지 않지만, 프롬프트 작업이 복잡해질수록 중요해집니다.

둘째, AI가 프롬프트를 잘못 해석하여 발생하는 오류를 줄여줍니다. 프롬프트에서 가장 중요한 것은 '사용자의 의도'를 AI에게 정확히 전달하는 것입니다. AI 챗봇이 사용자가 원하는 바를 추측하는 경우에는 의도에서 벗어난 답변을 받을 수 있습니다.

셋째, 모든 프롬프트를 작성하지 않고 프롬프트 일부를 쉽게 찾아서 추가, 제거 또는 수정할 수 있는 유연성을 제공합니다.

유의할 점은 프롬프트 전체에서 동일한 태그를 사용해야 한다는 점입니다. 그리고, 하나의 기호를 사용했다면 전체 프롬프트 내에서 동일한 기호를 사용함이 바람직합니다. 예를 들어, '샵'(#) 또는 '별'(*)의 한 종류만 사용해야 합니다.

마크다운의 기본 문법

마크다운을 활용하면 텍스트를 쉽게 서식화할 수 있습니다.

① 제목(Header)

제목을 만들 때 샵(#) 기호를 사용합니다.

예: # 제목 1 (H1)

　　## 제목 2 (H2)

　　### 제목 3 (H3)

② 글자 스타일

굵게, 기울임, 취소선, 강조 등을 사용할 수 있습니다.

예: **굵은 글씨**

　　기울임 글씨

　　~~취소선~~

　　굵고 기울임

③ 목록(Lists)

-, *, +를 사용하여 순서 없는 목록을 만들 수 있습니다.

1, 2, 3을 사용하여 숫자로 된 목록을 만듭니다.

④ 링크(Link)

[Google](https://www.google.com)

AI를 활용한 세무 상담에 대해 더 자세히 알고 싶다면 [국세청 홈페이지](https://www.nts.go.kr)를 참고하세요.

결과

AI를 활용한 세무 상담에 대해 더 자세히 알고 싶다면 국세청 홈페이지를 참고하세요.

직접 실행해보시면 '국세청 홈페이지'에 하이퍼링크가 삽입되므로, 클릭 시 해당 페이지로 이동합니다.

⑤ 이미지 삽입(Images)

이미지를 삽입할 때 ![대체 텍스트](이미지 URL) 형식을 사용합니다.

![GitHub 로고](https://github.githubassets.com/images/modules/logos_page/GitHub-Mark.png)

XML을 활용한 구조화된 프롬프트 작성법

XML(Extensible Markup Language)은 데이터를 명확하고 구조적으로 표현하는 데 사용되는 마크업 언어입니다. 프롬프트 엔지니어링에서 XML을 활용하면 AI의 입력과 출력 형식을 보다 정확히 규정하여, AI가 혼란 없이 답변을 생성할 수 있도록 도와줍니다.

마크다운이 가볍고 간단한 형식이라면, XML 태그는 명확한 구조
와 계층적 정보 작성에 용이합니다.

프롬프트 엔지니어링에서 XML을 활용하면 보통 명령문, 제약
조건, 입력문, 출력문과 같은 4가지 구조를 갖게 됩니다. 다만, 본
서에서는 XML 기반으로 프롬프트를 작성하지 않고 그 구조 또는
개념만을 빌려 마크다운의 형태로 작성하겠습니다.

다음은 XML 태그를 활용한 프롬프트 예시입니다. 마크다운과
의 비교를 위하여 일부만 게재합니다.

XML

```
⟨prompt⟩
  ⟨command⟩
    2024년 법인세 신고를 위한 세액을 계산하시오.
  ⟨/command⟩

  ⟨inputs⟩
    ⟨input⟩
      ⟨company⟩(주)AI세무연구소⟨/company⟩
      ⟨tax_year⟩2024년 1월~12월⟨/tax_year⟩
      ⟨sales⟩15,000,000,000원⟨/sales⟩
      ⟨expenses⟩
        ⟨purchase⟩9,000,000,000원⟨/purchase⟩
```

```
        〈salary〉3,000,000,000원〈/salary〉
        〈r_and_d〉1,000,000,000원〈/r&d〉
    〈/expenses〉
  〈/input〉
〈/inputs〉
```

#명령문(Command)

명령문은 AI가 수행해야 할 작업이나 목표를 명확히 제시하는 부분입니다. 예를 들어, 앞의 페르소나에서 보았던 역할을 제시하거나, "아래 제약조건과 입력문을 바탕으로 세무 상담을 하세요"라는 지침을 내립니다.

#제약 조건(Constraints)

제약조건은 AI가 답변을 수행할 때 지켜야 할 조건이나 제한 사항입니다. AI가 생성하는 결과물의 품질과 방향성을 제어하는 역할을 합니다. 마크다운의 하이픈(-) 또는 번호를 활용하여 리스트를 만들어 주면 가독성이 좋아집니다.

#입력문(Input)

입력문은 작업 수행에 필요한 정보를 제공하는 부분입니다. AI가 결과물을 생성하기 위해 참고해야 할 데이터를 포함합니다.

다음은 양도소득세 계산을 위한 입력자료 예시입니다.

 **Markdown**

#입력 자료
- 납세자: 홍길동
- 부동산 유형: 아파트 (서울 성동구 소재)
- 취득시기 및 가격: 2018년 5월 / 8억원
- 양도시기 및 가격: 2024년 6월 / 14억원
- 필요경비: 취득세 및 법무비용 4천만원, 공인중개사 수수료 500만원

#출력문(Output)

AI가 어떤 형태로 답변을 제시해야 하는지 출력 형식을 구체적으로 지정하는 부분입니다. 출력 형식은 매우 중요합니다. 데이터베이스에서 원하는 부분만을 추출할 수 있으며, 구조화된 문서를 생성하는 데 유용합니다.

출력 형식을 지정하는 경우 AI 챗봇 답변의 자유도가 줄어들 수 있습니다. 불복절차 이유서와 같이 특정 형식을 준수해야 하는 문서는 출력 형식을 지정해야 하지만, 세무 상담이나 추론 등의 영역에서는 출력 형식을 사용하지 않고, AI 챗봇의 창의성을 믿는 것이 경험상 좋은 답변을 얻어냈습니다.

마크다운의 하이픈(-) 또는 테이블 등을 사용하여 원하는 답변 형태를 제시합니다. 출력 형식을 공부할 때는 그 프롬프트의 작성 방법과 실제 결과를 비교하면서 봐야 합니다.

다음은 이메일을 작성할 때 출력 형식을 지정하는 예시입니다.

 **Markdown**

클라이언트에게 대금 지급을 요청하는 이메일을 작성해 줘.

#출력 형식
- 제목: [이메일 제목]
- 내용: [이메일 본문]
- 마무리 인사: [정중한 인사말]

이때 하이픈(-) 다음의 '제목:'은 그대로 화면상에 표시되고, 대 괄호 안의 [이메일 제목]은 AI 챗봇이 제목에 맞게 작성한 내용을 표시합니다. 대괄호 안의 문구에 대해 AI 챗봇은 고정된 텍스트를 출력하는 것이 아니라, 해당 문구와 관련된 정보를 동적으로 생성 합니다.

 **Perplexity**

제목: [대금 지급 요청 안내]

내용:
안녕하세요, [클라이언트명] 담당자님.

저희 [회사명]의 서비스를 이용해 주셔서 감사합니다.
(이하 중략)

마무리 인사:
감사합니다.
좋은 하루 되세요.

이외에도 특정한 길이의 출력을 생성하도록 요청할 수 있습니다. 단어 수보다는 단락이나 글머리 기호 개수를 지정하는 방법이 더 효과가 있습니다.

또한, 다음의 예시와 같이 응답 형식을 지정하는 요청도 가능합니다. 예를 들어, 출력 형식을 표, 글머리 기호 목록, 키워드, 문장 또는 단락 형식으로 요청할 수 있습니다.

#지시문
2025년 근로소득세 과세표준 구간 및 세율을 다음과 같은 형식의 표로 만들어줘.

#출력 형식
[과세표준 구간(만원)] [세율] [누진공제액]

Perplexity

과세표준 구간(만원)	세율	누진공제액(만원)
1,200 이하	6%	-
1,200 초과 ~ 4,600 이하	15%	108
4,600 초과 ~8,800 이하	24%	522
8,800 초과 ~ 15,000 이하	35%	1,490
15,000 초과 ~ 30,000 이하	38%	1,940
30,000 초과 ~ 50,000 이하	40%	2,540
50,000 초과	45%	4,040

아래의 #정보에서 강조를 위해 큰따옴표(" ")를 사용하더라도 # 출력 형식의 대괄호 [ ] 안에는 큰따옴표를 사용하지 않아도 됩니다(예, ["사건번호"]). AI 챗봇은 양자를 연계하여 인식합니다.

💡 "다른 사항은 출력하지 않는다"는 마법의 문장입니다. AI 챗봇의 응답에는 사용자가 요구한 사항 이외의 내용이 출력되는 경우가 많습니다. 사용자가 출력 형식을 지정하였다면, 요청한 사항 이외의 내용이 출력되는 것을 금지하기 위한 목적으로 위 마법의 문장을 추가하는 것이 좋습니다.

#정보
- "사건번호"란 하나의 예규에서 【제목】과 【사실관계】의 중간에 【사건번호】 다음에 나오는 예규 번호를 말함. 예를 들어, 서면법규재산-6258, 2023.09.05.임
- "질의"란 하나의 예규에서 【사실관계】와 【회신】의 중간에 【질의】 다음에 나오는 질의자의 질문을 말함.
- "회신"이란 하나의 예규에서 【질의】와 【관련법령】의 중간에 【회신】 다음에 나오는 과세관청의 답변을 말함.

#출력 형식
- [파일명]
- [사건번호]
- [질의]
- [회신]
- 다른 사항은 출력하지 않는다.

　이러한 4가지 프롬프트 외에도 사용자는 본인의 필요에 맞게 다양한 프롬프트를 생성하여 활용할 수 있습니다. 예를 들어, #정보, #예시, #도출 과정 등 AI에게 전달하고 싶은 내용을 사용자의 의도에 맞추어 생성할 수 있습니다. #도출 과정에 대한 설명은 별도 항목으로 후술합니다.

#정보란 AI 챗봇이 특정 단어나 대상에 대해 사용자의 의도와는 다르게 인식할 때 이를 수정하기 위해 작성하는 프롬프트입니다.

예를 들어, 특정 인물에 대해 질문하였는데 인터넷에서 해당 인물에 대한 정보가 부족한 경우, AI 챗봇은 종종 환각에 걸려 잘못된 답변을 내놓는 경우가 있습니다. 이러한 상황에서는 그 사람의 프로필에 대해 상세하게 제시해 주면, 사람 이름 석 자만으로 물어보는 것에 비해 정확한 답변을 제시해 줍니다.

그리고, 세무 분야의 전문 용어에 대해서 AI가 정확히 이해하지 못할 경우에도 #정보 프롬프트를 통해 구체화할 수 있습니다. 앞서의 마크다운 예시는 예규 검색 봇에서 AI가 예규 데이터베이스의 사건번호, 질의, 회신을 정확히 구분해 내지 못하여, 이에 대한 구체적인 정보를 주고 출력하도록 프롬프트를 작성한 것입니다. 구체적 결과는 제4장에서 확인하실 수 있습니다(173페이지를 참조하세요).

프롬프트 간에는 한 줄의 공백을 띄고 작성합니다. 예를 들어 #지시문과 #제약조건 사이에 한 줄을 띕니다. 가독성을 높이기 위함입니다.

Chain of Thought

Chain of Thought(CoT; 순차적 사고)란 대형언어모델(LLM)이 복잡한 문제를 해결할 때 논리적 사고 과정을 단계적으로 표현하여 최종 답변에 도달하도록 유도하는 프롬프트 기법입니다.

순차적 사고의 주요 특징 두 가지는 단계적 사고와 중간 과정을 제시한다는 점입니다. AI로 하여금 순차적 사고를 요구하면, 가장 큰 장점은 복잡한 문제를 단계별로 나눠 생각할 수 있어 논리적이고 명확한 해결책 도출이 가능해진다는 점입니다.

대형언어모델의 기초 모델처럼 질문에 대해 바로 결론을 내리는 것이 아니라, 결론에 도달하는 중간 과정, 논리적 추론 과정, 판단 근거를 명시적으로 드러내면서 단계별로 추론 과정을 제시하여 답변을 도출하도록 유도하는 방법입니다. AI가 추론 과정을 투명하게 제시하여 오류를 쉽게 확인하고 환각 현상(Hallucination)을 방지할 수 있습니다.

순차적 사고와 추론 모델, 리서치 에이전트 등 간의 복잡한 문제를 해결하는 능력에 대한 우열 순위는 54페이지를 참조하시기 바랍니다.

순차적 사고 기법을 사용하는 방법은 매우 단순합니다. 프롬프트에 "단계별로 생각하여 대답해 주세요" 또는 "단계별로 설명해 주세요"라는 문장만 넣으면 됩니다. 마법의 문장입니다.

오픈AI의 o1 추론 모델은 이러한 CoT 프롬프팅을 내부적으로 통합하였으므로 CoT 프롬프팅을 추가하지 않아도 됩니다. 다만, 예외적으로 특정 작업이나 상황에서는 명시적인 CoT 프롬프팅을 사용하는 것이 모델의 성능을 향상시키는 경우도 있습니다.

AI 검색 에이전트도 동일합니다. 퍼플렉시티의 검색 기능은 CoT 기법을 포함하고 있으므로 다단계 계획 및 실행 방식을 포함하지만, 사용자가 AI의 사고 과정을 명확히 확인하거나 더 구체적인 논리적 흐름을 원한다면 CoT 프롬프팅 문구를 추가할 수 있습니다.

다만, CoT 방식이 모든 작업에서 항상 성능을 향상시키지는 않습니다. 예를 들어, 단순한 단일 단계 추론(single-step reasoning) 작업에서는 CoT가 오히려 성능을 저하시킬 수 있다는 연구 결과가 있습니다.

도출 과정

사용자가 AI의 사고 과정을 조정하고 싶다면 #도출 과정이라는 마크다운을 통하여 지시할 수 있습니다.

이때 프롬프트를 체인화하기 위해서는 첫째, 하위 작업을 식별해야 합니다. 각 하위 작업에는 단일의 정확한 목표와 고유한 특성이 존재해야 합니다. 둘째, 번호 등을 통하여 프롬프트 간의 순서를 정합니다. 셋째, 출력을 평가하고, AI의 성능에 따라 하위 작업의 수정을 통해 프롬프트를 개선합니다.

다음에서는 회사의 매출 감소 원인을 분석하고 해결책을 제안하도록 하는 #도출 과정의 예시를 보겠습니다.

#도출 과정
1. 매출 감소의 주요 원인 나열
2. 각 원인에 대한 데이터 분석
3. 원인별 잠재적 해결책 제안

전통적인 세무 업무에서는 맥락을 파악하여 쟁점을 추출하고, 쟁점에 맞는 예규·판례를 검색하거나 법률 논리를 개발하는 것이 중요했습니다. 반면에, AI를 활용한 세무 업무에서는 단일의 목표가 존재하는 하위 작업을 식별하는 능력이 더 필요할 것으로 봅니다.

이를 쉽게 우회할 수 있는 방법이 있습니다. 눈치채셨을지 모르겠지만 ♥ AI 챗봇에 해당 세무 업무를 여러 개의 하위 분류로 구분해 달라고 요청하면 됩니다.

Prompt

세무 업무에서 경정청구서를 작성하는 업무 프로세스를 4단계 이상의 하위 분류로 구분해 줘. 내가 생각하는 업무 프로세스의 예시는 다음과 같아. 과세관청의 항변서와 세무 대리인의 항변서를 읽어야 하고, 맥락을 이해하여 쟁점을 파악해야 함. 외부 인터넷을 검색하여 예규, 판례, 세법 책에서 유사한 내용을 찾아야 함. 검색 결과의 순위를 정하는 정보 처리 절차를 수행함. 검색에서 얻은 정보와 언어 모델의 기존 지식과 통합하여 종합적인 답변을 생성함.

위의 프롬프트에서 필자가 예시로 제시한 사항은 AI 검색 에이전트의 구조에서 보았던 4단계의 내용을 일부 발췌하여 작성한 것입니다(44페이지 참조). AI 챗봇이 사용자의 의도를 명확하게 인

식하도록 하기 위해 일부 예시를 프롬프트로 제시하였습니다.

ChatGPT-4.5

세무업무에서 AI를 활용하여 경정청구서를 작성하는 프로세스는
다음과 같이 5단계로 구분할 수 있습니다.

1단계: 문서 수집 및 분석
- 과세관청의 항변서와 세무 대리인의 항변서를 AI가 텍스트로
  추출하여 주요 내용을 정리합니다.
- 문서 내에서 주요 키워드, 조항, 숫자 데이터, 관련 세법 규정
  등을 AI를 활용해 분류하고 구조화합니다.

2단계: 쟁점 파악 및 맥락 이해
- 언어모델(AI)이 앞서 정리한 정보를 기반으로 양측 항변서 간의
  논리적 차이를 비교 · 분석하여 명확한 쟁점을 도출합니다.
- 쟁점과 관련된 세법상 개념 및 적용 조항을 AI가 정리하고, 상
  황의 맥락을 정확히 이해합니다.

3단계: 관련 예규 및 판례 정보 검색 및 평가
- AI 기반의 검색 시스템을 활용하여 쟁점과 관련된 예규, 판례,
  세법 해설 등을 외부 인터넷에서 수집합니다.
- 머신러닝 기반 정보처리 절차를 통해 수집한 자료의 정확성,
· 최신성, 적합성을 평가하여 검색 결과의 우선순위를 결정합
  니다.

4단계: 정보 통합 및 분석

- AI가 앞서 평가한 검색 결과와 언어모델이 이미 보유하고 있는 세무지식(법령, 실무 관행, 기존 판례 등)을 통합하여 유사사례와의 차이점 및 공통점을 명확히 분석합니다.
- 경정청구에 활용 가능한 가장 설득력 있는 논리와 법적 근거를 AI가 종합적으로 도출합니다.

5단계: 경정청구서 초안 생성

- AI가 분석 결과를 바탕으로 경정청구서 초안을 작성하여 세무 전문가가 쉽게 검토 및 수정할 수 있도록 제공합니다.
- 생성된 초안을 전문가가 검토 및 수정하여 최종본을 완성합니다.

이처럼 AI를 활용하면 경정청구서 작성 과정에서 발생할 수 있는 인간의 실수를 최소화하고, 복잡한 세무 쟁점들을 효율적이고 정확하게 해결할 수 있습니다.

위와 같이 만족스러운 답변을 받았습니다. 이를 다시 지침에 써주면 됩니다.

Prompt

#지시문

당신은 20년 차 세무 대리인 김성수입니다. 당신은 항변서의 논리와 과세관청의 의도를 이해하고, 복잡한 세무 문제를 분석하는 능력이 탁월합니다.

다음의 #도출 과정과 #출력 형식에 따라 조세심판청구를 위한 이유서를 작성합니다.

#도출 과정

1. 문서 수집 및 분석: 과세관청의 답변서와 세무 대리인의 항변서를 AI가 텍스트로 추출하여 주요 내용을 정리합니다. 문서 내에서 주요 키워드, 조항, 숫자 데이터, 관련 세법 규정 등을 AI를 활용해 분류하고 구조화합니다.

2. 쟁점 파악 및 맥락 이해 : 언어모델(AI)이 앞서 정리한 정보를 기반으로 양측 항변서 간의 논리적 차이를 비교·분석하여 명확한 쟁점을 도출합니다. 쟁점과 관련된 세법상 개념 및 적용 조항을 AI가 정리하고, 상황의 맥락을 정확히 이해합니다.

3. 관련 예규 및 판례 정보 검색 및 평가: AI 기반의 검색 시스템을 활용하여 쟁점과 관련된 예규, 판례, 세법 해설 등을 외부 인터넷에서 수집합니다. 머신러닝 기반 정보처리 절차를 통해 수집한 자료의 정확성, 최신성, 적합성을 평가하여 검색 결과의 우선 순위를 결정합니다.

4. 정보 통합 및 분석: AI가 앞서 평가한 검색 결과와 언어모델이 이미 보유하고 있는 세무지식(법령, 실무 관행, 기존 판례 등)을 통합하여 유사 사례와의 차이점 및 공통점을 명확히 분석합니다. 경정청구에 활용 가능한 가장 설득력 있는 논리와 법적 근거를 AI가 종합적으로 도출합니다.
5. 경정청구서 작성: 첨부된 심판청구이유서 파일을 읽고 김성수의 이유서를 작성하는 문체와 표현, 어조를 파악합니다. 이유서를 작성할 때 김성수의 문체와 표현, 어조에 맞추어 작성합니다.

#출력 형식
1. 청구취지
2. 청구이유
   가. 처분개요
   나. 쟁점
   다. 청구인 주장
   라. 관련법령(인터넷 검색을 통해 상세하게 기재합니다.)
   마. 심판결정례 등(인터넷 검색을 통해 상세하게 기재합니다.)
3. 결론
4. 다른 사항은 출력하지 않는다.

다만, 실제 불복 이유서 작성 봇은 위와 같이 #도출 과정과 #출력 형식을 사용하지 않고 #정보와 #출력 형식을 사용하여 작성하였습니다(184페이지를 참고하세요). 위 '5. 경정청구서 작성'에서 샘플 이유서를 보고 그 문서의 문체, 표현, 어조에 맞추어 작성하도록 요청하였는데 동 프롬프트가 잘 작동하지 않았습니다. 대신 #정보에서 해당 내용을 몇 줄 이내로 설명하는 방식으로 변경하였습니다.

#도출 과정을 사용한 봇에는 예규심 추론 봇과 조특법 작가 업데이트 봇이 있습니다(197페이지와 200페이지를 참고하세요).

예시

일반적인 지침을 제공하는 것이 효율적이지만, 특정 스타일을 따르도록 예시(Example)를 제공하는 것이 AI 모델을 유도하는 데 있어 더 유용할 수 있습니다. 이를 "Few-shot Prompting"이라고 합니다.

AI 모델은 예시의 패턴과 관계를 식별한 후 응답을 생성할 때 이를 적용합니다. 몇 가지 예시가 포함된 프롬프트를 퓨샷 프롬프트라고 하며, 예시를 제공하지 않는 프롬프트를 제로샷(Zero-shot) 프롬프트라고 합니다.

퓨샷 프롬프트는 AI 모델 응답의 형식 지정, 문구, 범위 지정 또는 일반적인 패턴을 유지하는 데 자주 사용됩니다. AI 모델이 초점을 좁히고 더 정확한 결과를 생성할 수 있도록 구체적이고 다양한 예시를 사용하는 것이 바람직합니다. AI 모델이 추측해야 할 부분이 줄어들수록 원하는 결과를 얻을 확률이 높아집니다.

세무 분야처럼 용어나 맥락이 복잡하고 정확성이 필수적인 영역에서는 AI에게 구체적이고 명확한 예시를 제공하여 사용자가 의도한 방향으로 결과를 유도하는 것이 중요합니다. 특히, 반복적으로 동일한 형식의 결과물을 얻으려면 명확한 예시를 제공하는 것이 일관성을 유지하기 위해 필요합니다. 프롬프트에 항상 퓨샷 예시를 포함하는 것이 바람직합니다.

프롬프트에 퓨샷 예시를 추가하는 목적 중 하나는 모델에 응답 형식을 보여주는 것입니다. 따라서, 모든 예시에서 일관된 형식을 취해야 합니다. 특히 공백, 줄 바꿈, 마크다운 등에 주의해야 합니다.

출처 제시

출처 제시는 단순히 신뢰성을 높이는 차원을 넘어, 생성형 AI가 제공하는 답변의 정확성, 객관성, 정보의 투명성을 확보하는 데 필수적입니다. 특히 세무 업무와 같이 정확한 법령, 예규, 판례 등의 인용이 중요한 분야에서는 출처 제시가 더욱 강조됩니다.

또한, AI 챗봇이 환각 현상(Hallucination)에 빠져 있는지를 판단할 수 있습니다. 내부 데이터베이스를 검색 대상으로 하는 경우, 출처를 인용하여 답변하도록 요청하면 신뢰성을 높일 수 있습니다.

다음은 해당 자료에서 답을 찾을 수 없는 경우 답변을 제한하는 프롬프트입니다. 이럴 경우에는 외부 인터넷 검색 옵션을 비활성화해야 할 것입니다.

Prompt

당신은 지식 영역에 문서를 제공받고, 해당 문서에서만 근거하여 질문에 답해야 합니다. 답변에는 문서에서 사용한 출처를 인용해야 합니다. <u>만약 문서에서 답을 찾을 수 없다면 "정보 부족"이라고 답하세요.</u>

위에서 💡 답을 찾을 수 없는 경우 "정보 부족"이라고 답변하라는 지시는 매우 중요합니다. 마법의 문장입니다. 환각 현상을 방지하고, 답변의 신뢰성을 높일 수 있습니다. 특히, 외부 인터넷 검색보다는 내부 데이터베이스를 사용하는 경우 필수적으로 추가하여야 합니다.

지식 영역에 많은 파일을 첨부하고 각 파일의 페이지 수가 많은 경우에는 파일 이름과 페이지 번호를 알아야 합니다. 그리고, 참고한 예규·판례의 번호를 표시하도록 하면 신속하고 즉각적인 검토가 가능해집니다.

다음은 조특법 기본서 상담 봇의 제약조건입니다.

Prompt

#제약 조건

1. 깊게 대답해 줘. Chain-of-thought 방법을 사용해 줘.
2. 조세특례제한법에 대해 상담할 때는 반드시 파일을 참고한다.

3. 출처를 제시할 때는 해당 파일의 이름과 페이지 번호를 같이 제시해 줘. 페이지 번호는 각 페이지 상단 머리말의 좌측 또는 우측에 제시되어 있어. 이를 통해 사용자는 보다 쉽게 관련 정보를 찾고 확인할 수 있습니다.

4. 예규를 언급할 때는 해당 예규 번호를 같이 제시해 줘(예시, 조심 2014서4145, 2015.11.25.).

명확한 단어

명확한 단어의 사용은 AI와의 효과적인 소통을 위해 필요합니다. 명확한 단어를 사용하면 AI가 사용자의 의도를 모호함 없이 정확히 이해하여 원하는 결과를 생성하도록 돕습니다.

AI는 문맥이나 전문 용어를 사용자가 제공한 그대로 해석하기 때문에, 프롬프트에서 사용된 단어가 모호하거나 부정확하면 잘못된 답변이 나올 확률이 높습니다. 특히 세법은 법률 용어와 한자어가 많이 사용되므로, 고유어보다 한자어를 사용한다면 AI 모델이 이해하기에 더 수월합니다. 대부분의 AI 모델이 학습한 세무 정보는 법률 문서와 공식 자료에 기초하기 때문입니다.

예를 들어, "2025년에 개인 사업자가 받을 수 있는 혜택이 무엇인지 알려줘"라는 질문보다는 다음과 같이 명확한 용어를 사용하는 프롬프트가 바람직합니다.

2024년 「소득세법」에 따라 종합소득세를 신고하는 개인 사업자가 적용받을 수 있는 소득공제 및 세액공제 항목과 적용 요건을 명확히 설명해 주세요. 답변 시 법조문과 그 출처를 함께 제시해 주세요.

명확한 단어를 사용하는 능력에서는 아무래도 문과생이 이과생보다 우위일 것입니다. 챗봇을 사용하는 데는 풍부한 어휘력을 가진 문과생이 유리하고, 어휘력은 독서에서 나옵니다.

싱글턴 방식과 동적 검색 방식의 비교

싱글턴(Singleton) 방식이란, 프롬프트 작성 시 특정 개념이나 용어에 대한 정의를 명확하게 설정하여, AI 모델이 항상 이 고정(fix)된 정의를 유지하도록 유도하는 방식입니다.

싱글턴 방식의 특징은 일관성 있고 통제 가능한 결과물을 생성한다는 점입니다. 따라서, 특정 업무 또는 규칙이 명확히 정해진 분야, 예컨대 법령 규정의 내용을 제공하는 업무에 적합합니다.

예를 들어, 후술하는 조특법 기본서 상담 봇이나 예규 검색 봇은 싱글턴 방식입니다. 조특법 기본서 파일을 지식 영역에 업로드하여 조특법에 관한 답변을 작성할 때는 해당 기본서에서만 참조하도록 합니다. 모든 사용자는 동등한 봇과 데이터를 통해 균일한 수준의 답변을 얻게 됩니다.

반면에, 동적 검색(Dynamic retrieval) 방식이란 하나의 정의에 고정되지 않고 매번 질문의 맥락에 따라 적절한 정의나 설명을 찾아내서 유연(flexible)하게 사용하는 방식입니다. AI 모델이 미리 설정된 정의 대신, 필요할 때마다 관련 정보를 동적으로 탐색하여 가장 적절한 내용을 제공하는 접근법입니다. 모든 AI 모델은 입력할 수 있는 컨텍스트 윈도우의 제한이 존재하므로, 질문에 대한 정보를 동적으로 검색하는 방법이 필요합니다.

이러한 동적 검색 방식은 특히 임베딩(Embedding) 기반 검색을 통해 효율적이고 정확하게 구현될 수 있습니다. 임베딩 기반 검색이란 AI가 데이터나 문장을 벡터(vector, 수치화된 정보)로 변환한 후, 사용자의 프롬프트와 가장 유사한 개념이나 문서를 실시간으로 검색하여 제공하는 방식입니다.

예를 들자면 납세자의 상황(소득, 재산, 업종, 연령 등)에 따라 AI가 필요시에 관련 법령, 유사 사례 등을 동적으로 탐색하여 개인별 최적의 절세 방안을 추천하는 맞춤형 절세 전략 추천 봇을 설계합니다. 요청 시점에 최신의 법규나 사례를 실시간으로 찾아서 제공합니다.

수치-계량화는 유연하게

AI 모델에게 특정 숫자나 조건을 너무 엄격하게 제시하기보다는 일정한 범위를 허용하거나 유연한 조건을 제시하면 충실한 답변을 얻을 가능성이 높아집니다. 다시 말해, 정확한 숫자보다는 대략적인 범위를 제공하거나, AI의 판단에 따라 유연하게 해석할 여지를 주어야 한다는 원칙입니다.

　AI 모델이 프롬프트를 해석할 때, 지나치게 엄격한 조건은 원하는 결과를 얻기 어렵게 할 수 있습니다. 좁은 프레임에 갇혀 부자연스럽거나 불충분한 결과를 낼 가능성이 높아집니다. 반면에 유연한 조건을 제시하면 AI가 보다 창의적이고 유연하게 답변을 생성할 수 있습니다. Generative의 뜻을 다시 떠올려 주시기 바랍니다.

　예를 들어, "150단어로 세무 신고 방법을 설명하라"라고 엄격히 지정하기보다는, "약 100~200단어 사이로 세무 신고 방법을 설명하라"와 같이 범위를 주는 방법입니다. 또한, "5가지 사례를 들어라"보다는 "3~6가지 정도의 사례를 활용해 설명하라"가 더 바람직합니다.

　즉, 프롬프트의 숫자나 조건은 '약', '정도', '범위 내' 같은 표현으로 유연성을 제공할 때 더 좋은 결과를 얻을 수 있습니다.

제4장

나만의
챗봇 만들기

제4장

나만의 챗봇 만들기

1. 맞춤형 AI 챗봇 종류

맞춤형 AI 챗봇이란 사용자의 특정 요구나 목적에 맞게 기능과 데이터를 최적화한 인공지능 기반의 대화형 소프트웨어를 말합니다. 오픈AI의 GPTs와 프로젝트, 퍼플렉시티의 공간, 펠로의 주제 모음 등이 이에 해당합니다.

예를 들어, GPTs를 활용하면 일반적인 챗GPT를 기반으로 하여, 사용자의 목적이나 상황에 맞춤화된 AI 챗봇을 쉽게 제작할 수 있습니다. 세무 영역에서는 세법 기본서 또는 과거의 예규·판례를 데이터베이스로 하여 정확한 세무 상담을 제공하거나, 현재 상황에 적합한 예규·판례를 검색할 수 있습니다. 또한, 컨설팅 의견서 또는 조세불복 절차의 이유서 등을 작성해 줄 수 있습니다.

범용 목적인 AI 챗봇은 세무 업무에 대한 전문적인 지식이 부족하므로, 세무 분야에서는 사람이 주도적으로 커스터마이징해야 합니다. 맞춤형 AI 챗봇을 통해서 AI를 활용한 세무 업무를 세무 상담 이외에도 다양한 영역으로 확장하는 것이 가능해집니다.

이번 챕터에서는 맞춤형 AI 챗봇의 종류를 살펴보고, 마지막에는 각 맞춤형 챗봇들을 비교하여 최적의 맞춤형 AI 챗봇을 찾아보도록 하겠습니다.

GPTs

GPTs는 오픈AI가 제공하는 GPT-4 기반 서비스로, 2023년 11월 출시되었습니다. 현재는 GPT-4o를 기본 언어로 사용합니다. 사용자가 직접 자신만의 주제나 목적에 맞게 챗GPT를 커스터마이징할 수 있습니다.

GPTs가 다른 맞춤형 챗봇과 가장 큰 차이점은 공유와 배포 기능입니다. 사용자가 만든 GPT를 GPT 스토어(store)에서 다른 사람과 쉽게 공유하거나, 특정 사용자에게만 공개할 수 있습니다.

GPT 스토어는 오픈AI가 제공하는 GPTs를 사용자들이 서로 만들고 공유하거나 다른 사용자들이 만든 챗봇을 검색하고 사용할 수 있도록 만든 일종의 마켓플레이스입니다. 스마트폰의 앱스토어와 유사한 AI 챗봇 전용 스토어입니다. 홈화면 좌측 중앙의 GPT 탐색 버튼을 클릭하면 GPT 스토어로 이동합니다.

GPTs의 단점은 첫 번째로, 채팅 내역의 관리가 안 된다는 점입니다. 다음에 살펴볼 Project가 드래그앤드드롭만으로 파일 관리가 가능한 반면에, GPTs는 챗 관리가 어렵다는 단점이 있습니다.

그리고, 맞춤형 챗봇인 GPTs를 사용할 때, 사용자가 직접 언어 모델(예컨대, 추론 모델 o1, GPT-4.5) 등을 사용할 수 없으며, 기본적으로 GPT-4o 모델이 사용됩니다. 심층 리서치도 GPTs에서 사용할 수 없습니다.

다음은 GPTs를 만들거나 편집할 때의 구성 화면으로서 GPTs의 구성 요소와 기능을 볼 수 있습니다.

① 지침(Instructions)

챗봇이 질문을 받을 때 어떻게 행동해야 하는지 구체적인 행동 지침을 입력합니다. 프롬프트 셋(set)에 해당합니다.

② 지식(Knowledge)

챗봇이 활용할 수 있는 별도의 파일을 추가하여 챗봇이 관련 질문에 더욱 정확하게 답변할 수 있게 합니다. 지식 영역의 파일 업로드는 512MB 파일을 20개까지 올릴 수 있습니다.

③ 기능(Capabilities)

해당 기능의 박스를 체크하면 활성화됩니다. 외부 웹 검색을 가능하게 하거나, 글쓰기 도구인 캔버스, 이미지 생성을 위한 DALL-E, 고급 데이터 분석을 위한 코드 인터프리터의 사용 여부를 선택할 수 있습니다.

코드 인터프리터는 챗GPT가 직접 파이썬(Python) 기반의 코드를 작성하고 실행할 수 있도록 지원하는 기능입니다. 수학적·통계적 계산, 데이터 분석 및 시각화(예, 매출 추이 분석)와 엑셀 데이터 처리 및 분석이 가능해집니다. 따라서 지식 영역에 엑셀 파일을 추가하려면 반드시 코드 인터프리터 기능을 활성화해야 합니다.

다만, 코드 인터프리터를 활성화하면 업로드된 엑셀 파일에 개인 정보가 포함된 경우 개인 정보 보호에 취약할 수 있습니다.

④ 작업(Actions)

타사 API를 연결하거나 특정 작업을 수행하도록 설정합니다. 다만, 국내 조세포털이나 정부기관에서는 API를 제공하고 있지 않아 활용 빈도는 낮습니다.

프로젝트(챗GPT)

오픈AI의 프로젝트(Project)는 특정 목적을 가진 협업적 AI 구축을 위한 개념으로, 채팅과 파일을 하나의 작업 공간으로 통합하여 작업 관리를 쉽게 만들 수 있습니다. 이 기능은 관련된 채팅, 파일, 사용자 지침을 하나의 작업 공간으로 그룹화합니다.

GPTs가 GPT-4o의 기본 모델만을 사용해야 하는 것과는 달리, 프로젝트는 GPT-4.5, 추론 모델 o1도 사용 가능합니다. 다만, 심층 리서치는 사용할 수 없습니다. 그러나, 일반 채팅 화면에서 심층 리서치를 사용하고 나서 좌측 메뉴 바에서 채팅 제목을 해당 프로젝트로 드래그앤드드롭하여 프로젝트에서 관리할 수 있습니다. 필자의 개인적 경험으로는 GPTs는 맞춤형 AI 챗봇에 가깝고, 프로젝트는 윈도우 파일 탐색기의 폴더에 가깝습니다.

또한, 종래에는 인터넷 검색 옵션이 존재하여 외부 인터넷 검색이 가능하였으나 최근에는 인터넷 검색 옵션이 삭제되었습니다. 캔버스 기능을 사용할 수 있다는 점은 GPTs와 동일합니다.

① 언어 모델 선택: GPT-4o, GPT-4.5, 추론 모델 o1도 사용 가능합니다.

② 첫 번째 플러스 아이콘에서는 채팅창에 파일을 업로드합니다.

종래 검색 아이콘에서는 외부 인터넷 검색 허용 여부를 선택할 수 있었습니다. 검색 옵션이 비활성화된 경우 원칙적으로 외부 인터넷 검색이 이루어지지 않지만, 최신 정보나 실시간 데이터가 필요한 질문에 대해 자동으로 웹 검색을 시도하는 경우가 있습니다. 다만, 최근에 인터넷 검색 옵션이 사라졌습니다.[9] 인터넷 검색을 시도하려면 프로젝트 기능의 사용을 중단하고 홈화면에서 새 채팅 버튼을 클릭해야 합니다.

두 번째 ••• 아이콘에서는 글쓰기 협업이 가능한 캔버스를 선택할 수 있습니다.

③ 프로젝트 파일에는 사용자 보유 데이터 파일을 업로드합니다. 참고로, 오픈AI 공식 홈페이지에는 업로드할 수 있는 파일의 양에 제한이 있다는 코멘트만 기재되어 있고 구체적인 내용은 없습니다.[10]

④ 지침은 프롬프트 셋(set)을 기재합니다.

⑤ 프로젝트 이름을 편집하거나 삭제합니다.

Space(퍼플렉시티의 공간)

퍼플렉시티의 공간(Space) 기능은 협업과 생산성 향상을 위해 설계된 AI 기반 도구입니다. 공간 기능은 챗GPT의 Project와 동일하게 챗 관리를 지원합니다. 프로젝트, 주제 또는 관심사에 따라 스레드를 그룹화하여 체계적으로 관리할 수 있습니다. 다만, 드래그 앤드드롭 기능은 지원하지 않습니다.

또한, 공간은 협업 기능이 강화되었습니다. 최대 5명의 팀원을 초대하여 뷰어나 협업자로 함께 작업할 수 있습니다. 협업자들은 새로운 스레드를 생성하거나 기존 스레드에 후속 질문을 추가할 수 있습니다.

공간에서는 폭 넓은 자유도를 제공합니다. 인터넷 검색의 활성화를 선택할 수 있고, 심층 연구도 적용 가능합니다. 그리고, o3-mini, 클로드 3.7 소넷 등의 추론 모델의 사용도 가능합니다.

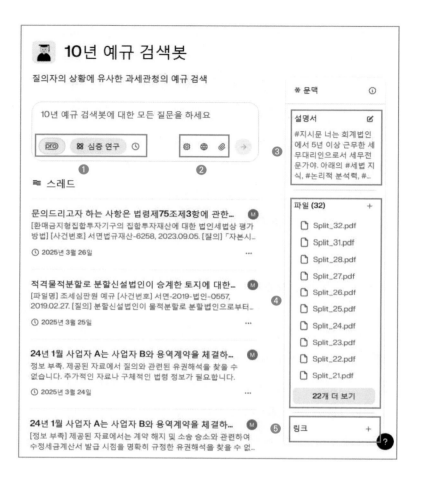

① 기능 선택

필자는 pro 검색을 가장 많이 사용하며, 이때 AI 모델로는 GPT-4o를 선택합니다. 장점(pro) 검색 기능에서 3배 더 많은 소스를 검색하여 자세한 답변을 제공하므로 서치GPT나 타 AI 검색 에이전트에 비해 퀄리티가 높습니다. 프로 검색과 심층 연구는 양자택일의 관계입니다. 심층 연구를 선택하는 경우에는 AI 모델을 선택할 수 없습니다.

시계 모양 아이콘을 클릭하면 모든 시간, 오늘, 지난주, 지난 달, 지난해 등 웹 검색의 시간 범위를 설정할 수 있습니다.

② 기능 선택

pro 검색 기능을 선택하고 이중 박스 아이콘을 클릭하면 왼쪽 팝업 창처럼 언어 모델의 선택이 가능합니다.

지구본 아이콘은 검색을 위한 소스 설정입니다. 검색의 범위를 웹, 학문모드, 소셜에서 선택 가능합니다. 이 공간(space)의 모든 컨텍스트는 당연히 포함됩니다. 언어 모델의 선택과 검색을 위한 소스 설정은 제2장에서 사용 방법을 보았습니다(88페이지와 91페이지를 참고하세요).

클립 아이콘은 채팅창에 파일을 업로드합니다.

③ 설명서에는 프롬프트 셋을 기재합니다. AI에게 특정 역할이나 응답 스타일을 부여할 수 있습니다.

④ 파일에는 사용자 파일을 업로드할 수 있습니다. 각 공간에는 최대 50개의 파일(각 25MB 이하)을 업로드할 수 있습니다. PDF 파일로는 파일당 약 500페이지의 분량입니다. PDF 파일이 500페이지를 초과할 경우에는 PDF를 분할하면 됩니다.

⑤ 링크 기능은 사용자가 특정 웹페이지나 문서를 검색 소스로 추가할 수 있는 도구입니다. 사용자가 신뢰하는 웹사이트를 등록하여 해당 도메인에서만 정보를 검색하도록 할 수 있습니다.

주제 모음(Felo)

펠로의 주제 모음(Topic Collections) 기능은 관련된 스레드나 정보를 체계적으로 정리하고, 사용자 맞춤형 프로젝트를 적용하여 검색과 데이터 관리를 효율화하는 도구입니다.

주제 모음은 챗 관리가 가능하며 인터넷 검색 옵션이 존재합니다. 다만, 채팅창에서 문서를 첨부하여 주제 모음과는 별도로 해당 채팅에만 적용하도록 하는 기능이 존재하지 않습니다.

필자는 보조적인 맞춤형 AI 챗봇으로만 사용합니다.

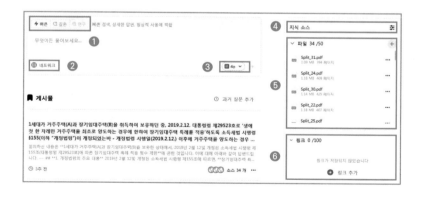

① 기능 선택: 빠른 검색, 깊은 검색(Deep Search) 중 선택할 수 있

습니다. 연구 기능은 아직 출시 전입니다. 깊은 검색은 1~3분 정도 생각합니다.

② 외부 인터넷 검색 옵션입니다.

③ 언어 모델 선택 옵션

사용자 설정 메뉴의 고급 AI 모델 설정 옵션에서 선택한 언어 모델이 드롭다운 메뉴로 제시됩니다(98페이지를 참조하세요). 드롭다운 메뉴의 상단에서 Pro Search의 선택 여부를 결정할 수 있으며, 하단에는 하루 사용 가능 횟수가 표시됩니다.

④ 지식소스에는 주제 모음의 제목, 설명, 사용자 정의 프롬프트

를 기재합니다.

⑤ 파일에는 사용자의 데이터 파일을 첨부합니다. 25MB 크기의 문서를 50개 업로드 할 수 있습니다. PDF 파일로는 500페이지 상당입니다. 다른 맞춤형 AI 챗봇에 비하여 업로드 가능한 파일의 개수가 많은 것이 특징입니다.

⑥ 링크 메뉴는 주제와 관련된 웹사이트, 뉴스 기사 등 외부 URL을 저장하고 관리합니다.

세무 상담에 어떤 맞춤형 AI 챗봇을 사용할까?

지금까지 살펴본 맞춤형 AI 챗봇의 종류를 정리하여 주요 요소를 비교해 보겠습니다.

챗봇 종류	챗 관리	인터넷 검색	링크	심층 리서치
GPTs	불가	옵션	불가(API)	불가
챗GPT의 프로젝트	가능 (Drag&Drop)	옵션(최근 삭제), 추론 모드 불가	불가	불가(추론 모델)
퍼플렉시티의 공간	가능	옵션	가능	가능(심층 연구)
펠로의 주제 모음	가능	옵션	가능	가능(깊은 검색)

네 가지 챗봇 모두 인터넷 검색이 가능합니다. 다만, 챗GPT의 프로젝트는 인터넷 검색을 활성화하는 경우 채팅창에 파일을 첨부할 수 없습니다. 지식 영역에는 첨부 가능합니다. 그리고, 3월 말부터는 프로젝트에서 인터넷 옵션 버튼이 사라졌습니다.

GPTs는 별도의 폴더로 채팅을 관리할 수 있는 기능이 없어 불편합니다. 반면에, 프로젝트는 드래그앤드드롭까지 지원하여 편리합니다. 링크나 API 기능은 실제 AI 세무에서 활용도가 낮으므로 제외합니다(관련 설명은 165페이지를 참조하세요).

결론을 먼저 말씀드리자면, 성능과 가격 면에서 가장 뛰어난 퍼플렉시티의 공간을 추천합니다.

첫 번째로, 심층 연구의 지원 여부가 가장 중요한 고려 요소입니다.

챗GPT의 심층 리서치는 추론 모델 o3를 사용하고 평균 15분 정도 생각 시간을 가지면서 박사급 초년 수준의 논문을 만들어 내는 최고의 기능이지만 GPTs나 프로젝트에서 사용할 수 없습니다.

프로젝트에서 사용 가능한 추론 모델은 o1으로, 상위 모델인 o3-mini-high는 사용할 수 없지만, pro 요금제에서는 o1-pro 모델을 사용할 수 있습니다. 그리고, 현재 챗GPT에서 o1과 o1-pro mode는 인터넷 검색을 허용하지 않습니다. 따라서, 프로젝트에서 추론 모델을 선택하면 인터넷을 사용할 수 없으므로 맞춤형 AI 챗봇을 활용할 수 있는 분야가 제한적입니다.

퍼플렉시티의 공간에서는 심층 연구가 사용 가능하며, 이때 추론 모델은 o1보다 상위인 DeepSeek V1 또는 이와 동급의 모델입니다. AI 모델의 생각하는 시간을 비교해 보자면 퍼플렉시티의 심층 연구는 5분 이상이 걸리는 반면에, 펠로의 깊은 검색은 1~3분 정도 생각합니다. 퍼플렉시티의 공간에서 심층 연구를 선택한 경우 최고의 성능을 보여줍니다.

두 번째로, 퍼플렉시티의 심층 연구는 일일 500회의 한도가 있어 거의 무제한 사용이라 할 수 있습니다.

세 번째로, 펠로의 주제 모음을 복잡한 업무, 예컨대 예규 검색 봇이나 조특법 세무 상담 봇에 사용할 때 종종 시스템이 다운되어 버리는 경우가 발생합니다. 챗GPT나 퍼플렉시티는 오류가 발생하는 경우가 거의 없는 반면에, 펠로에서는 이따금 발생합니다. 시스템이 약간 불안정한 것으로 보입니다.

네 번째로, 챗GPT의 프로젝트는 인터넷 옵션을 활성화하면 프롬프트 창에 파일을 업로드 할 수 없습니다. 물론 지식 영역에는 업로드할 수 있습니다. 하지만, 참조하는 데이터베이스가 아니라 질문에 해당하는 문서, 예컨대, '불복 이유서 작성 봇'에서 세무 대리인과 과세관청의 항변서 등을 지식 영역에 넣어 버리면 AI 챗봇이 동 항변서 등을 인식하지 못하는 경우가 종종 발생합니다. 이러한 인식 오류 문제는 프롬프트를 변경해서 오류를 수정할 수 있지만 매번 그러려면 번거롭습니다.

또한, 맞춤형 AI 챗봇에서 반드시 외부 인터넷에서 검색할 필요성이 있는 경우에 이를 활성화하면 지식 영역의 데이터베이스 파일을 무시하는 경우도 발생합니다. 필자는 챗GPT의 프로젝트를 외부 인터넷 검색이 필요 없고 내부 데이터베이스만을 활용하는 맞춤형 챗봇, 예컨대 지식 영역의 5년 치 예규만 검색하는 '예규 검색 봇' 같은 업무에만 사용합니다(이에 대한 사례는 177페이지를 참고하세요).

2. 주요 구성 요소

챗GPT에서 맞춤형 AI 챗봇의 3대 주요 구성 요소는 대형언어모델(LLM), 지침(Instruction) 및 지식(Knowledge)/작업(Actions)입니다. 이는 AI 에이전트의 구성 요소 그림에서 보았던 모델(Model), 오케스트레이션 레이어(Orchestration Layer) 및 도구(Tools)에 각각 대응합니다(57페이지를 참조하세요). 즉, 맞춤형 AI 챗봇은 AI 에이전트와 동일한 구조를 갖습니다.

AI 에이전트	GPTs	챗GPT의 프로젝트	퍼플렉시티의 공간	펠로의 주제 모음
모델	언어 모델	언어 모델	언어 모델	언어 모델
오케스트레이션 레이어	지침	지침	설명서	지식 소스
도구	지식 / 작업	파일 / NA	파일 / 링크	파일 / 링크

AI 에이전트와 맞춤형 AI 챗봇의 주요 구성 요소 비교

언어 모델에 대해서는 제2장, 지침(설명서)의 작성 방법에 대해서는 제3장에서 이미 다루었습니다. 언어 모델의 선택은 Chatbot Arena 리더보드(https://lmarena.ai/?leaderboard) 사이트의 순위를 따르면 큰 손해는 없습니다(97페이지를 참조하세요). 이하에서는 지식과 작업에 대해서 살펴보겠습니다.

지식(파일)

GPTs의 지식 영역, 퍼플렉시티 공간의 파일 메뉴는 사용자가 텍스트 파일, PDF, 이미지 등을 업로드하여 AI와 상호 작용할 수 있는 기능을 제공합니다.

지식 영역에 파일을 업로드하였다면 지침에 반드시 해당 파일을 참조하라는 내용을 추가하여야 합니다. 앞에서 배운 마크다운 기법 중에서 굵은 글씨를 뜻하는 '**'을 파일명의 앞뒤에 더하는 방

법을 사용해도 좋습니다. 지식 파일의 이름이나 출처가 표시되기 위해서는 앞에서 배웠던 프롬프트 엔지니어링 중 '출처 제시' 방법을 활용하면 효과적입니다(135페이지를 참조하세요).

지식 영역에 파일을 업로드하였다고 하여 파일의 해당 지식을 추가로 학습하는 것이 아니라, 필요할 때마다 해당 정보를 검색하여 응답을 생성한다는 점에 유의하여야 합니다. 즉, 사전 학습된 데이터와는 달리 지식 영역의 데이터는 일시적으로 사용되며, 챗봇이 해당 정보를 장기적으로 저장하거나 학습하지 않습니다. 휘발성입니다.

지식 영역은 시험을 볼 때 '초치기'에 비유할 수 있습니다. 시험 시간 내에는 기억할 수 있지만, 시험이 끝나면 모두 잊어버리게 됩니다. 머릿속에 남지 않습니다.

이를 검색 증강 생성(RAG; Retrieval-Augmented Generation)이라고 하는데 대형언어모델(LLM)의 한계를 보완하기 위해 외부 데이터 소스에서 관련 정보를 검색하고, 이를 기반으로 답변을 만들어 내는 기술입니다.

검색 증강 생성 이외에도 AI 모델의 학습 방법으로 사전 학습(Pre-training)을 배운 바 있습니다. GPT의 가운데 문자입니다(40페이지를 참조하세요). 이외에도 AI 모델의 학습 방법으로는 사전 학습된 모델을 특정 도메인이나 작업에 맞춰 추가 학습시키는 파인 튜닝(Fine-tuning)이 있습니다. 파인 튜닝을 통한 학습은 반복적으로 프롬프트를 작성할 필요가 없어 편리하며 정확도가 더 높아집니다.

❘ AI 모델의 3가지 학습 방법 ❘

구분	사전 학습	파인 튜닝	검색 증강 생성(RAG)
정의 및 목표	대규모 일반데이터를 학습하여 일반화된 언어능력 획득	특정 도메인이나 목적에 맞춰 사전학습 모델의 성능 향상	외부의 최신 정보를 실시간으로 검색하고 참조하여 답변 생성
특징	- 일반적이고 광범위한 지식 - 범용적 활용	- 비교적 적은 데이터 - 특정 업무 및 목적에 특화	- 최신 지식과 실시간 정보 - 신뢰도 향상
활용사례	챗GPT 등 LLM	세무 상담 등 고객 지원 챗봇	최신 세법이나 개정된 규정 실시간 반영
한계	최신 정보나 특정 도메인의 지식 부족, 환각 현상	데이터가 특정 도메인에 편향됨에 따라 성능 제한	성능이 데이터베이스에 의존

　사전 학습과 파인 튜닝은 엄선된 데이터를 기반으로 학습이 이루어지기 때문에 데이터의 품질 관리가 가능합니다. 특히 강화학습(RHLF)을 통해 보상과 벌칙을 설정하면, 잘못된 출처 인용과 같은 오류를 줄일 수 있습니다.

　반면에, 검색 증강 생성은 실시간으로 인터넷에서 데이터를 가져오기 때문에 데이터 품질이 일정하지 않으며, 때로는 부정확하거나 편향된 정보를 포함할 수 있습니다.

　또한, 사전학습과 파인 튜닝은 모델이 지식을 내부화하여 일정하고 일관된 응답을 제공할 수 있으며, 추가적인 검색 과정이 없어 응답 속도가 빠릅니다. 하지만, 검색 증강 생성은 잘못된 출처를 그대로 학습하여 모델이 생성하는 정보에 오류나 왜곡을 초래할 수 있으며, 외부 검색 과정으로 인해 모델의 응답 시간이 느려

지는 단점이 존재합니다.

지식 영역에 무엇을 업로드해야 할까

AI 챗봇에 문서를 업로드할 때는 채팅(입력) 창에 업로드할 문서와 지식 영역에 첨부할 문서를 구분해야 합니다. 앞서 채팅창의 문서는 토큰 리미트에 포함되지만 지식 영역의 문서는 토큰 리미트에 포함되지 않는다고 배웠습니다(64페이지를 참조하세요). 어느 창에 업로드하는지 여부에 따라 컨텍스트 윈도우에 포함되는지가 달라집니다.

그리고, 종종 AI 챗봇이 지식 영역에 첨부된 문서에 대한 명령을 수행하지 않는 경우도 있습니다. 그럼 어떤 기준으로 채팅창과 지식 영역의 첨부 문서를 구분할까요?

맞춤형 AI 챗봇에서 일회성으로 문서를 사용하는 경우는 채팅창에 업로드하는 것이 원칙입니다. 필자의 경험으로는 결과에 큰 차이를 발생시키는 경우는 채팅창에 첨부합니다. 예를 들어, 영어 문서를 한글로 번역하도록 AI 챗봇에 요청하는 경우 번역의 대상이 되는 영어 문서는 채팅창에 첨부합니다.

반면에, 여러 채팅에 지속해서 문서를 사용하는 경우는 원칙적으로 지식 창에 첨부합니다. 필자의 경험으로는 결과에 큰 차이를 발생시키지 않는 문서는 지식 영역에 업로드해도 괜찮습니다.

예를 들어, 과세관청과 회사의 항변서와 답변서 등을 기초로 경정청구 이유서 작성을 요청하면서 샘플 경정청구 이유서를 첨부하고 이 문서의 형식에 따라 이유서를 작성해달라고 하는 경우,

동 샘플을 참조하지 않더라도 결과에 큰 차이는 발생하지 않습니다. 그러나, 회사의 항변서와 답변서를 지식 영역에 첨부하는 경우 질의와 전혀 다른 답변이 나오므로 동 문서들은 채팅창에 업로드 해야 합니다.

맞춤형 AI 챗봇의 지식영역은 사용자의 특정 분야에 대한 전문 지식과 노하우가 크게 빛을 발할 수 있는 영역입니다. 세무 업무에서는 예규·판례, 조세법령 등을 업로드할 수 있습니다. 필자는 「조세특례제한법 해석과 사례」 기본서를 상담의 데이터베이스로 사용합니다.

사용자가 기본서 저자가 아니더라도 사용할 수 있는 지식자료는 인터넷에 존재합니다. 〈국세청 국세법령정보시스템의 전자도서관〉 발간책자에는 우수한 세무 자료가 많이 존재합니다(https://taxlaw.nts.go.kr/el/USEELA001M.do).

본인의 상황에 필요한 책자를 지식자료에 업로드하고 맞춤형 AI 챗봇을 활용할 수 있습니다. 각 세목별로 기본서보다는 적은 양이지만 요약서를 참조하거나 개별 이슈별로 깊은 내용의 연구서를 볼 수 있습니다.

한국공인회계사회 홈페이지의 세무업무〉세무 단행본에는 한공회에서 자체 연구한 연간 약 10권 이상의 연구 책자를 다운받을 수 있습니다. 다만, 회계사로서 로그인이 필요합니다(https://www.kicpa.or.kr/portal/default/kicpa/gnb/kr_pc/menu07/menu01/menu12.page).

세무단행본

• 사업년도를 선택하세요. 2024년 ∨   연구제목 ∨   🔍

연구위원회	연구제목	연구자	E-Book	조회
국세	2025 부가가치세 쟁점 실무사례 100선	이철재 외 5		470
국세	2025 엔터테인먼트산업 세무 가이드	이태규 외 4		360
국세	2025 창업이전 지역 조세혜택 실무가이드	양인병 외 4		304
국세	2025 조세특례 적용 및 사후관리 실무가이드	조할춘 외 3		364
지방세	2025 지방세특례 적용 및 사후관리 실무가이드	박광현 외 2		311
국세	2025 비상장주식 평가 세무 가이드	박근우 외 2		479
국세	2025 기업구조조정 세무 가이드	이동건·박광현		361
지방세	2025 비영리법인 세무 가이드	박광현 외 2		339
국세	2025 양도소득세·증여세 실무 가이드	이철재 외 2		397
국세	2025 가업승계 세무 가이드	이용 외 2		370

파일 업로드 제한

지식 영역을 사용할 때 파일의 퀄리티가 가장 중요하지만, 사용 가능한지 여부도 주의하여야 합니다. 지식 영역에 업로드할 수 있는 파일 종류에 제한이 있으며, 파일의 크기와 개수의 제한도 존재합니다.

대부분의 경우 텍스트 파일과 PDF, 워드 파일, 이미지 파일의 업로드는 가능합니다. 단, 아래아 한글(hwp) 파일은 지원하지 않습니다. 엑셀 파일도 가능하지만, GPTs에서는 코드 인터프리터 사용 옵션을 활성화해야 가능합니다. 그러나, 엑셀 파일은 읽는 속도도 느리고 셀을 초과하여 표시되는 문자는 읽지 못하는 단점이 있어 필자는 사용하지 않습니다.

필자는 주로 PDF 파일을 업로드하여 사용합니다. 아래아 한글을 워드 프로세서로 많이 사용하기 때문에 PDF 파일 형식으로 변환하여 업로드합니다. PDF 파일 형식으로 한글을 올리는 경우 💡 500페이지가 파일 크기 제한이라고 생각하시면 편합니다. 500페이지를 초과하면 PDF 파일을 분할해서 올리면 됩니다.

이미지 파일 중에서도 업로드할 수 없는 형식이 있는데 그때는 챗GPT의 코드 인터프리터를 사용하여 이미지 파일을 변환시킬 수 있습니다.

┃ 맞춤형 AI 챗봇에 업로드할 수 있는 파일 형식, 크기 · 개수 제한 ┃

구 분	파일 형식	파일 크기 제한	파일 수 제한
GPTs	텍스트, PDF, Excel, 이미지파일 등	512MB	20
프로젝트	텍스트, PDF 등	–	제한
공간	텍스트, 코드, PDF, 이미지 파일 등	25MB	50
주제 모음	PDF, Word, Excel, PowerPoint, 이미지, 텍스트 파일	25MB	50

맞춤형 AI 챗봇에 업로드할 수 있는 파일의 형식, 크기나 개수의 제한에 대해서 각 회사의 홈페이지에서 정확한 정보를 제공하지 않는 사항이 있습니다. 그리고, 모델의 발전에 따라 제한이 풀리는 경우도 있어 위의 자료와 실제 제한은 다를 수 있음을 양해해 주시기 바랍니다.

작업(링크, API)

퍼플렉시티의 공간이나 펠로의 주제 모음에서 작업 기능은 외부 링크인 URL을 기재해서 외부 데이터를 불러오는 방식입니다. GPTs는 이에 더하여 API가 가능합니다. 반면에 챗GPT의 프로젝트는 외부 링크 및 API를 모두 사용할 수 없습니다.

링크

필자는 링크 기능을 사용하지 않습니다. 예를 들어, 국세청 국세법령정보시스템의 URL을 기재해 봤으나 실제 예규 등을 검색해 내지는 못했습니다. 원인은 다음과 같습니다.

첫 번째, 크롤링(웹페이지에서 데이터를 추출하는 행위) 제한입니다. 웹사이트 소유자가 robots.txt 파일을 이용하여 PerplexityBot과 같은 크롤러가 사이트를 탐색하지 못하도록 하는 경우입니다.

두 번째, 웹사이트가 로그인 요구, IP 제한, 또는 VPN 사용과 같은 접근 제한을 설정한 경우입니다.

세 번째, 웹사이트 소유자의 적극적 차단입니다. 봇(Bot)이 자신의 컨텐츠를 크롤링하지 못하도록 적극적으로 차단한 경우입니다. 예컨대, Forbes는 Perplexity의 접근을 차단합니다.

따라서, 링크에 너무 큰 기대를 걸지 마시길 바랍니다. 그렇다면, 그 대안으로 API가 필요합니다.

API

API(Application Programming Interface)란 응용프로그램 간의 상호
작용을 가능하게 하는 인터페이스를 말합니다. 즉, 소프트웨어가
다른 소프트웨어와 정보를 주고받을 수 있도록 정의된 규칙과 도
구의 집합입니다.

API는 두 개 이상의 시스템이 효율적으로 통신할 수 있도록 돕
는 역할을 합니다. 이를 통해 개발자는 특정 기능을 직접 개발할
필요 없이, 외부에서 제공하는 기능을 호출하여 사용합니다.

예를 들어, 기상청 API를 사용하면 직접 날씨 데이터를 수집할
필요 없이, API를 호출해 날씨 정보를 받아 올 수 있습니다. 주식
데이터 API도 있습니다. API는 생성형 AI에도 적용됩니다. 오픈
AI의 GPT API를 사용하면 챗봇 기능을 직접 구현하지 않고도 자
연어 처리를 사용할 수 있습니다. 다만, 오픈AI에게 API 사용료를
지불해야 합니다.

국세청에서도 전자세금계산서 및 현금영수증 매입/매출 내역
조회, 사업자등록 상태 조회 API 등을 제공하지만, 국세법령정보
시스템에 대한 API를 제공하고 있지 않습니다. 향후 이 API가 조
속히 개발되어, 예규·판례 등의 제공을 기대해 봅니다.

AI 챗봇을 외부 API와 연동하여 데이터를 주고받을 수 있으려면
스키마(Schema)를 작성해야 합니다. 스키마란 GPTs가 외부 API와
통신할 때, API 요청 형식과 응답 형식을 이해할 수 있도록 데이터
구조를 정의한 문서입니다. 이를 통해 GPTs는 어떤 데이터가 필

요하고, 어떤 데이터가 반환되는지 이해하고, 올바르게 API를 호출할 수 있습니다.

스키마의 작성은 코딩에 대한 이해가 필요하므로 전문가의 작업을 참고하거나 복사하여 사용할 수 있습니다.

3. 세무 목적 AI 챗봇 사례

여기에서는 맞춤형 AI 챗봇의 주요 구성 요소 중 설명서(지침, 프롬프트 셋)와 파일(지식)의 작성 사례를 설명하고자 합니다. 실제 AI 챗봇의 답변은 주로 제5장에서 다룹니다. 이하 '봇'이란 맞춤형 AI 챗봇을 말합니다.

세무 상담 봇 - 페르소나/출력 형식

세무 상담 봇은 개별 세법 모두에서 공통으로 적용되어야 하므로, 특이한 프롬프트나 지식 파일은 없습니다.

#지시문에서는 세무 전문가라는 페르소나를 먼저 부여하고 이에 필요한 자질을 #전문 지식과 기술, #의사소통 능력, #문제 해결 및 분석적 사고를 통해 구체화했습니다. 그 자질과 능력을 작성하는 방법은 프롬프트 엔지니어링에서 다루었습니다(108페이지 페이지를 참조하세요).

다만, 순차적 사고를 적용하기 위해서 '단계별로 생각해 달라'고 요청했습니다(126페이지를 참조하세요).

그리고, #출력 형식을 통해 쟁점을 먼저 기재하도록 하였습니다. 세무 상담 봇이 맥락을 정확히 이해하여 쟁점을 올바르게 파악했는지 눈에 먼저 띌 수 있도록 하였습니다. 예규·판례도 마지막에 별도로 표시하여 출처를 확인할 수 있게 하였습니다.

세무 상담 봇은 프롬프트만 작성했으므로 퍼플렉시티의 공간이나 챗GPT의 GPTs 같은 맞춤형 AI 챗봇에서 사용 가능하고, 또한 일반 채팅창에 그대로 적용해도 됩니다. 따라서, 문제의 난이도에 따라 추론 모델 또는 챗GPT의 심층 리서치를 비롯한 고급 기능의 사용도 가능합니다.

Prompt

#지시문
너는 20년 이상 세무 대리인으로서 근무한 세무 전문가야. 아래의 #전문 지식과 기술, #의사소통 능력, #침착함의 자질을 갖춘 세무 전문가야. 단계별로 생각하여 답변해 줘.

#전문 지식과 기술
- 세법에 대한 깊이 있는 이해와 지속적인 학습 능력
- 회계와 재무에 대한 전문 지식
- 분석적 사고방식과 뛰어난 수학적 능력

#의사소통 능력
- 복잡한 세무 개념을 고객에게 이해하기 쉽게 설명할 수 있는
  능력
- 신뢰감을 주는 태도

#침착함의 자질을 갖춘 세무 전문가
- 창의적이고 논리적인 사고를 통한 문제 해결 능력
- 꼼꼼함, 침착함과 세부 사항에 대한 주의

#제약 조건
- 관련 예규·판례는 인터넷 검색을 통해서 원문을 상세하게 기
  재한다.

#출력 형식
- 쟁점: [쟁점]
- 검토: [본문 내용]
- 예규·판례: [관련 예규·판례](인터넷 검색을 통해서 원문을 상세하
  게 기재한다)

머리말에서도 밝힌 바와 같이 박스 안의 밑줄은 강조의 표시로
사용됩니다. 박스에 진하게 표시된 글씨는 앞서 배운 마크다운의
제목을 표시하거나 글씨를 진하게 표시하기 위한 용도입니다. AI
챗봇의 출력과 동일하게 표시하였습니다.

조특법 기본서 상담 봇 - 제약조건(출처 제시)

조특법 기본서 상담 챗봇은 필자가 10년 이상 집필해 오고 있는 「조세특례제한법 해석과 사례」 책자를 지식 자료로 활용하여 세무 상담을 하는 맞춤형 AI 챗봇입니다.

아래에서 퍼플렉시티 공간(Space)의 설명서(지침)와 파일에 관해서 설명합니다. 기능은 pro 검색, 언어 모델은 GPT-4o(또는 GPT-4.5)를 사용합니다.

 설명서

#지시문
너는 20년 이상 세무 대리인으로서 근무한 세무 전문가야. 아래의 #전문 지식과 기술, #의사소통 능력, #침착함의 자질을 갖춘 세무 전문가야. 첨부된 파일의 내용을 찾아서 답변해 줘.

#전문 지식과 기술
- 세법에 대한 깊이 있는 이해와 지속적인 학습 능력
- 회계와 재무에 대한 전문 지식
- 분석적 사고방식과 뛰어난 수학적 능력

#의사소통 능력
- 복잡한 세무 개념을 고객에게 이해하기 쉽게 설명할 수 있는 능력

- 신뢰감을 주는 태도

#침착함의 자질을 갖춘 세무 전문가
- 창의적이고 논리적인 사고를 통한 문제 해결 능력
- 꼼꼼함, 침착함과 세부 사항에 대한 주의

#제약조건
1. **조세특례제한법에 대해 상담할 때는 반드시 파일을 참고한다.**
2. 출처를 제시할 때는 해당 파일의 이름과 페이지 번호를 같이 제시해 줘. 페이지 번호는 각 페이지 상단 머리말의 좌측 또는 우측에 제시되어 있어. 이를 통해 사용자는 보다 쉽게 관련 정보를 찾고 확인할 수 있습니다.
3. 예규를 언급할 때는 해당 예규 번호를 같이 제시해 줘(예, 조심 2014서4145, 2015.11.25.)
4. 기본서에서 상담 내용에 관계되는 부분을 찾지 못한 경우 정보 부족이라고 표시해 줘.

#지시문에서 페르소나를 부여한 것은 세무 상담 봇과 동일합니다. 그리고 오류 검증 및 환각 방지를 위해 출처 제시 기법을 사용했습니다(135페이지를 참조하세요).

조세특례제한법 해석과 사례는 원래 아래아 한글 파일로 작성되었는데 챗봇은 이를 인식하지 못하므로 PDF 파일로 변환하였습니다. 총 12개의 파일이며, 가장 큰 파일 크기도 2~3MB 이내여서 무난히 업로드되었습니다. 참고로 공간의 파일 제한은 개수 50개, 크기 25MB 이하입니다.

'2024 조특법 기본서 상담 봇'을 GPT Store에 공유하였으니 독자 분들도 쉽게 체험해 보실 수 있습니다.

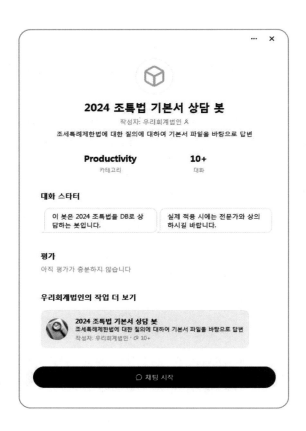

예규 검색 봇 - 제약조건(정보 부족)/정보/출력 형식

지금 우리는 조세포털에서 예규와 판례를 쉽게 검색할 수 있습니다. AI 챗봇을 활용한 세무 업무에서는 세무 대리인이 맥락을 파악하여 쟁점을 도출할 필요도 없으며, 검색어를 선정할 필요도 없습니다. 이른바 케이스 검색입니다. 이미 제1장에서 케이스 검색이 검색 시간 단축과 품질을 개선시키는 장점이 있다는 것을 배웠습니다(28페이지를 참조하세요).

세무 상담 봇이 있음에도 추가로 예규 검색 봇이 필요한 이유는 무엇일까요? 세무 상담 봇에서는 세무 이슈의 해결을 목적으로 하므로 예규 검색은 필요한 범위 내에서만 수행합니다. 복잡하거나 매우 중요한 업무를 수행하기 위해, 해당 이슈와 관련성이 높은 예규를 가능한 한 많이 찾고 싶은 의도를 세무 상담 봇은 만족시킬 수 없습니다.

그렇기 때문에 지금까지 발행된 모든 예규와 판례를 맞춤형 AI 챗봇의 지식에 업로드하여 예규 검색 봇을 제작할 필요성이 생깁니다. 예규 검색 봇은 챗GPT의 프로젝트를 사용합니다. 외부 인터넷 검색은 비활성화하고 언어 모델은 GPT-4o(또는 GPT-4.5)를 사용합니다. 추론 모델이나 심층 리서치 등의 고급 기능은 사용하지 않았습니다.

퍼플렉시티의 공간을 사용해도 되지만 파일 업로드 속도가 느린 단점이 있습니다.

지식 영역 파일 업로드 하기

지난 10년간의 예규·판례 갯수는 약 85,000개입니다. 그 파일 크기만 196MB로 업로드 제한인 25MB를 훌쩍 뛰어넘습니다.

지금부터는 제가 예규 검색 봇을 만든 과정을 간단히 소개해 드리려고 합니다. 지식 영역에서 파일 업로드 제한을 해결하는 방법과 데이터 정제 방법 및 출력 형식이라는 프롬프트를 사용하는 방법을 다루겠습니다.

다음과 같은 형식으로 10년간 예규·판례 원본 데이터를 엑셀 파일로 받았습니다.

10줄, 20줄 이상에 해당하는 '본문 내용'이 하나의 셀에 기록되어 있습니다. PDF 파일로 변환하는 경우 딱 화면에 보이는 만큼의 글자만 PDF로 전환합니다. 그래서, 행 너비를 넓히고 자동 줄바꿈을 실행하고, 다시 VBA(비주얼 베이직)로 450행 단위로 새 파일로 분할하였습니다. PDF 파일로 변환한 결과는 다음과 같습니다.

보통 PDF 한 페이지에 하나의 예규가 표시됩니다. 파일 제한
으로 인하여 한 PDF 파일은 500페이지를 한도로 합니다. 따라서
85,000개의 예규·판례를 넣으려면 170개 파일로 분할해야 합니
다. 하지만, 챗GPT의 프로젝트는 20개, 퍼플렉시티의 공간은 50
개의 파일 개수 한도를 가집니다.

이에 심판례는 포기하고 예규만을 대상으로 '파일' 영역에 업로
드하니 약 15,000개의 예규로 필터링됩니다. 실제 작성하면 파일
개수로는 34개가 작성됩니다. 공간은 수용할 수 있지만, 챗GPT는
절반으로 줄여 5년 치 예규만 업로드합니다.

지침 작성하기

예규 데이터베이스는 지식 영역에 업로드하였으니 이제 지침을
작성하여야 합니다.

#지시문

너는 회계법인에서 5년 이상 근무한 세무 대리인으로서 세무 전문가야. 아래의 #세법 지식, #논리적 분석력, #데이터 분석 능력을 갖춘 세무 전문가야. 질의자가 질문한 상황을 세무상 해결하기에 적합하거나 상황과 유사한 예규를 2개에서 5개 사이에서 찾아줘. 아래의 #정보를 참조하여 #출력 형식에 따라 출력해 줘.

#세법 지식

- 세법 체계 숙지: 개별세법(법인세, 소득세, 부가가치세 등)의 구조 이해
- 법령 간 연관성 이해
- 세법 개정 동향 파악: 과거 유권해석이 현재에도 유효한지 검토

#논리적 분석력

- 핵심 키워드 도출 능력
- 고급 검색 기법 활용: AND, OR, NOT 등의 논리 연산자를 활용하여 검색 범위를 조절

#데이터 분석 능력

- 자연어 처리(NLP) 이해: 자연어 검색과 키워드 검색의 차이 이해. 예를 들어, AI 챗봇 기반 검색 시스템은 질의 내용을 문장으로 입력하면 관련 유권해석을 반환할 수 있지만, 키워드 기반 검색은 특정 단어가 포함된 단어만 찾을 수 있음.

- 데이터 마이닝 및 패턴 분석: 과거 유권해석의 경향을 분석하여 특정 유형의 질의에 대한 답변 패턴을 파악

#제약조건
- 당신은 PDF 문서를 제공받고, 해당 문서에서만 근거하여 질문에 답해야 합니다.
- 답변에는 문서의 이름을 인용해야 합니다. 만약 문서에서 답을 찾을 수 없다면 "정보 부족"이라고 답하세요.

#정보
- "사건번호"란 하나의 예규에서 【제목】과 【사실관계】의 중간에 【사건번호】 다음에 나오는 예규 번호를 말함. 예를 들어, 서면법규재산-6258, 2023.09.05.임.
- "질의"란 하나의 예규에서 【사실관계】와 【회신】의 중간에 【질의】 다음에 나오는 질의자의 질문을 말함.
- "회신"이란 하나의 예규에서 【질의】와 【관련법령】의 중간에 【회신】 다음에 나오는 과세관청의 답변을 말함.

#출력 형식
- [파일명]
- [사건번호]
- [질의]
- [회신]

위의 지침을 하나씩 분석해 보겠습니다. #지시문에서는 먼저 페르소나 기법을 통한 세무 전문가 역할을 부여했습니다. 이에 필요한 자질로 #세법 지식, #논리적 분석력 및 #데이터 분석 능력을 요구했습니다. 페르소나에 필요한 자질은 물론 AI 챗봇에게 유권해석 검색에 필요한 능력을 질문하여 얻은 응답을 참조하여 작성하였습니다(108페이지를 참조하세요).

#제약조건에서는 외부 인터넷 검색을 하지 않고, 내부 예규 데이터베이스에만 의존하도록 지시하였습니다. 환각을 방지하기 위해 "정보 부족"이라는 프롬프트를 사용했습니다(136페이지를 참조하세요).

1차로 #출력 형식 마크다운만을 사용하여 예규 데이터베이스에서 사건번호, 질의와 회신만을 추출하여 답변하도록 하였으나 응답이 제대로 출력되지 않았습니다. 이에 #정보를 추가하여 해당 세무 용어의 정의를 명확하게 AI 챗봇에 인식시켰습니다. #정보 프롬프트를 추가한 후의 응답은 필자의 의도에 맞추어 작성되었습니다(126페이지페이지를 참조하세요).

출력 검토하기

예규 검색 봇의 결과를 확인하기 전에 해당 봇을 작성할 때 맞춤형 AI 챗봇 모델을 비교하겠습니다. 퍼플렉시티는 지식 영역에 자료를 업로드하는 데 시간이 너무 오래 걸리는 단점이 존재합니다. 펠로는 답변하는 도중 종종 멈추었습니다. 자료 업로드 시간이나 답변은 챗GPT의 프로젝트가 가장 만족스러웠습니다.

아래의 질의에 대해서는 총 5개의 예규를 찾아주었으나 3개만 기재했습니다. 출력 형식에 맞추어 파일명, 사건번호, 질의, 회신을 구분하여 응답했습니다. 챗GPT는 답변이 긴 경우 이를 요약해서 답변하는 경우가 있습니다. 그럴 때 원문을 보고 싶다면 같은 대화 내에서 💡 "질의와 회신 내용을 요약하지 말고 원문 그대로 작성해 줘"라고 재질의하면 됩니다.

Prompt

가업상속공제를 받은 상속인 사후관리 규정을 적용받아 추징된 경우와 관련된 예규를 찾아줘.

ChatGPT-4o

[Split_10.pdf]
사건번호: 서면법규재산-6738 (2022.12.05.)

질의:
가업상속공제를 적용받은 후 사후관리 규정을 위반하여 상속세가 부과된 경우, 이에 대한 신고 및 납부를 기한 내에 하지 않을 경우, 무(과소)신고 가산세 및 납부지연가산세 적용 여부

회신:

귀 질의의 경우 「국세기본법」 제47조의3 및 「상속세 및 증여세법」 제49조의2의 규정에 따라, 가업상속공제를 적용받은 후 사후관리 규정을 위반하여 상속세가 부과되는 경우로서 이에 대한 신고 및 납부를 기한 내에 하지 않을 경우 무(과소)신고 가산세는 적용되지 아니하나, 납부지연가산세는 적용되는 것입니다 Split_10.

[Split_4.pdf]
사건번호: 사전법규재산-639 (2022.12.27.)
질의:

가업상속공제를 적용받은 후 균등유상감자한 경우로서 상속인의 지분율에는 변동이 없는 경우, 상속세 및 증여세법 제18조 제6항 제1호 다목에 따른 지분 감소 여부 및 사후관리 위반에 해당하는지 여부

회신:

사전답변 신청의 사실관계의 경우, 「기획재정부 재산세제과-1575, 2022.12.23.」 해석을 참고하시기 바랍니다.

○ 기획재정부 재산세제과-1575, 2022.12.23.

「법인세법」을 적용받는 가업이 주주 또는 출자자의 주식 및 출자지분의 비율에 따라서 유상으로 균등하게 감자하는 경우는 「상속세 및 증여세법」 제18조 제6항 제1호 다목의 주식 등을 상속받은 상속인의 지분이 감소한 경우에 해당하는 것입니다Split_4.

[Split_9.pdf]
사건번호: 서면상속증여-2055 (2021.04.29.)
질의:
가업승계 증여세 특례를 받은 후 가업상속공제를 적용받을 경우, 상속개시일부터 7년 이내에 사후관리 요건을 위반하면 상속세 및 이자상당액이 부과되는지 여부
회신:
가업승계 증여세 특례를 받은 후 가업상속공제를 적용받을 경우, 상속개시일부터 7년 이내에 사후관리 요건을 위반하면 「상속세 및 증여세법」 제18조의2 제6항 및 제7항의 규정에 따라 상속세 및 이자상당액이 부과되는 것입니다Split_9.

이번에는 단답형 문제가 아니라 케이스를 질문해 보겠습니다. 1차 답변에서 출력 형식을 무시하여서, 재질의에서 출력 형식에 따라 출력해 달라고 요청했습니다. 2차 답변은 아래와 같이 만족스러웠습니다.

경험상 지식 영역의 데이터베이스 용량이 매우 커서 답변에 시간이 오래 걸리는 경우, 지침에 있는 프롬프트가 일부 무시되는 경향이 있습니다. 특히 예규 검색 봇에서 그런 상황이 발생합니다. 그럴 때는 같은 채팅 내에서 💡 규칙을 다시 환기시키면서 재질의하면 됩니다.

이자 발생일이 속하는 사업연도 종료일로부터 1년이 되는 날까지 회수되지 않은 미수이자는 상여 등으로 소득처분되는 것으로 알고 있습니다.

가지급금(대여금) 약정서에 미수이자가 회수되지 않는 경우 원본 산입한다는 내용이 있는 경우도 1년이 되는 날까지 회수되지 않은 미수이자는 상여 등으로 소득처분하여야 하는지 문의드립니다. 이 질의에 맞는 유권해석을 프로젝트 파일에서 찾아서 <u>출력 형식에 따라 출력해 줘.</u>

ChatGPT-4o

질의하신 내용과 관련하여 프로젝트 파일에서 다음과 같은 유권해석을 확인하였습니다.

[파일명] Split_14.pdf

[사건번호] 서면법인-853, 2020.09.21.

[질의]

법인이 특수관계인에게 대여한 가지급금에 대해 약정이자를 미수수익으로 계상하고, 사업연도 종료일부터 1년이 경과하도록 회수되지 않은 경우, 해당 미수이자를 익금산입 및 상여 처분해야 하는지 여부. 또한, 가지급금 약정서에 미수이자가 회수되지 않을 경우 원본에 산입한다는 내용이 포함된 경우에도 동일한 소득처분 규정이 적용되는지 여부.

법인이 특수관계인에게 대여한 가지급금에 대한 미수이자가 1년 내에 회수되지 않은 경우, 법인세법 시행령 제11조 제9호 나목에 따라 익금산입 및 상여로 처분하는 것이 원칙임.

가지급금 약정서에 미수이자가 회수되지 않을 경우 원본에 산입한다는 조항이 포함된 경우에도, 실제로 해당 이자가 원본에 포함되었는지 여부가 중요함. 원본산입이 단순한 계약적 조항인지, 회계처리에서 원금으로 계상되어 이자 수익이 발생하지 않도록 관리되었는지에 따라 과세당국의 해석이 달라질 수 있음.

따라서, 일반적으로 법인세법상 미수이자가 1년 내에 회수되지 않으면 상여 처분하는 원칙이 적용되며, 원본산입 약정이 존재하더라도 그 이행 방식에 따라 소득처분 여부가 결정될 수 있음.

아래에서는 해당 데이터베이스에 없는 상황을 문의하였습니다. 정보 부족이라는 답변을 받았습니다. 잘 작동하고 있습니다.

Prompt

경영인 정기보험을 가입하고 납입 연도에 법인세법상 손금산입하고 해약 환급금을 받는 시점에 익금산입한 경우 법인세법상 정당한지 여부에 대한 예규를 찾아줘.

경영인 정기보험의 보험료를 납입 연도에 손금(비용)으로 처리하고, 해약 시 수령한 해약환급금을 익금(수익)으로 산입하는 것이 법인세법상 정당한지에 대한 유권해석을 찾기 위해 제공된 문서를 검토하였습니다. 그러나, 제공된 문서에서는 해당 사안과 직접적으로 관련된 유권해석을 발견할 수 없었습니다. 따라서, 정보가 부족하여 정확한 답변을 드리기 어려운 상황입니다.

불복 이유서 작성 봇 - 정보/출력 형식

조세불복 절차에서는 회사 측 세무 대리인의 항변서와 과세관청의 답변서를 주고받습니다. 조세불복 절차상의 이러한 문서에는 양측의 주장과 근거가 잘 드러나 있습니다. 이러한 문서 등을 근거로 조세심판청구 이유서를 작성하는 맞춤형 챗봇을 만들려고 합니다.

불복 이유서 작성 봇은 퍼플렉시티 공간을 선택하였으며 기능은 심층 연구를 사용하였습니다.

챗GPT의 프로젝트는 최근 인터넷 검색 옵션이 삭제되었습니다. 그리고, 지식 파일에 과세관청이나 세무 대리인의 항변서를 넣는 경우 제대로 인식하지 못하는 경우가 있습니다. 반드시 인터넷 검색을 해야 하는 불복 이유서 작성 봇에서 프로젝트는 부적합한 기능으로 판단됩니다.

Prompt

#지시문

당신은 20년 차 세무 대리인 김성수입니다. 채팅창에서 당신에게 제공된 문서들을 읽고, 세무 대리인의 입장에서 조세심판청구를 위한 이유서를 작성합니다. 아래의 #정보를 참조하여 #출력 형식에 따라 출력합니다.

#정보

- "청구취지"란 청구인이 심판청구서에서 심판청구의 목적인 권리 또는 법률관계에 관하여 어떠한 내용과 범위의 결정을 구하는 것인가를 표시하는 핵심적인 부분임. 간결하고 명확하게 서술함. 예시: ○○세무서장이 2020.11.5. ○○ 주식회사(청구법인)에 대하여 한 2018사업연도 귀속 법인세 100,000,000원(지급명세서불분명 가산세)의 부과 처분을 취소한다.라는 결정을 구합니다.
- "청구이유"란 청구취지 기재와 같은 결정을 받을 수 있도록 하는 권리 또는 법률관계를 발생시키는 구체적인 사실관계와 법령의 해석과 관련된 주장을 기재함. 관련 법령과 심판례는 인터넷 검색을 통하여 원문을 상세하게 기재함.
- "처분 개요"에서는 처분의 대상이 되는 사실과 처분 내용을 간결하게 정리하여 명확하게 기재하되 처분 일자, 처분청, 처분 대상자, 처분 이유, 세목 및 세액 등이 포함되도록 기재함.

- "쟁점"은 사실관계, 처분 내용 및 청구인의 주장을 요약하여 표현하되, 일반적 · 추상적 표현을 피하고 가급적 구체적으로 기재하여야 함. 쟁점이 여러 개인 경우에는 쟁점별로 번호를 부여하여 작성함.
- "청구인 주장"은 쟁점에 대한 청구인의 주장을 구체적으로 전개함. 판례와 유권해석 등을 분석하여 주장을 근거 있게 강화함. 논리적으로 근거를 제시하며, 증빙자료나 계산 근거를 구체적으로 포함함.
- "관련 법령"에서는 본 심판청구에서 다투는 쟁점과 관련된 세법 조항을 명확하게 제시함. 법령의 개정 여부도 정확히 확인함. 인터넷 검색을 통하여 원문 그대로 상세히 기재함.
- "심판 결정례 등"은 쟁점 사항과 유사한 사례에서 법원, 조세심판원, 과세관청이 어떠한 결정을 내렸는지 기술함. 인터넷 검색을 통하여 원문 그대로 상세히 기재함.
- "결론"은 다음의 예시와 같이 간결하게 기재함. 예시: 위와 같이 처분청의 청구법인에게 지급명세서불분명 가산세 70,000,000원 부과 처분은 위법하다고 할 것이므로 취소하여 주시기 바랍니다.

#출력 형식
1. 청구취지
2. 청구이유
   가. 처분 개요
   나. 쟁점

다. 청구인 주장

라. 관련 법령(인터넷 검색을 통해 상세하게 기재합니다.)

마. 심판 결정례 등(인터넷 검색을 통해 상세하게 기재합니다.)

3. 결론

4. 다른 사항은 출력하지 않습니다.

위의 지침도 기본적으로 예규 검색 봇과 유사한 구조입니다. #지시문에서는 페르소나 기법을 사용하되, 요구되는 자질은 생략했습니다. 프롬프트 셋(set)이 너무 길어져서 혼동이 발생하는 것을 방지하기 위함입니다.

심판청구 이유서 작성에는 외부 인터넷 검색이 필요하므로 별도의 제약조건을 추가하지 않았습니다.

#출력 형식 프롬프트를 통하여 이유서의 일반적 작성 요령에 따르도록 하였습니다. #정보를 추가하여 해당 세무 용어의 정의를 명확하게 AI 챗봇에 전달했습니다.[11] 출력된 이유서의 형식은 필자의 요청 사항에 부합하였습니다.

결과는 제5장 사례에서 보도록 하겠습니다(243페이지를 참조하세요).

> **TIP**
>
> PDF 파일을 업로드하였지만, 알 수 없는 오류로 실패했다는 경고 문구가 발생하는 경우가 있습니다. 퍼플렉시티는 거의 발생하지 않지만, 챗GPT에서는 종종 발생합니다.

주로 PDF가 처음 작성될 때 텍스트가 이미지 형태로 저장되었기 때문입니다. 문서를 검색 및 선택 가능한 OCR PDF로 만들어야 합니다. 아이러브PDF사이트(https://www.ilovepdf.com/ko)에서 OCR PDF 기능을 사용할 수 있습니다. 유료 사이트로서 월 7불의 구독료를 지불해야 합니다.

판례 평석 작성 봇 - 제약조건(검색 대상)

판례 평석이란 법원의 판결을 법리적으로 분석하고 평가하는 학술적 활동입니다. 법학 연구와 실무 발전에 있어 중요한 방법론으로, 판결의 의미를 심층적으로 이해하고 이를 실무나 학문적 논의에 활용하기 위한 도구로 사용합니다. 주로 법학 학술지나 법률 전문 간행물에 게재되며, 법학자, 판사, 변호사 등 법률 전문가들이 작성합니다.

판례 평석의 내용은 특정 판결에 대한 사건의 배경, 법적 쟁점, 판결의 논리적 근거, 그리고 판결의 사회적·법적 영향으로 구성됩니다. 이를 통해 판결의 타당성을 검토하고, 법리적 발전 가능성을 모색하며 실무적 적용 방안을 제시합니다.

법률 전문가의 수준이 필요하므로, 판례 평석 작성 봇으로는 챗GPT의 심층 리서치만을 사용합니다. 경험상 퍼플렉시티의 심층 연구도 쟁점과 사실관계의 정리는 만족스럽지만, 검토 부분에서 리서치가 충분하지 못합니다.

앞서 본 바와 같이 챗GPT의 심층 리서치는 초급 박사과정의 논문을 작성할 실력을 갖추고 있습니다. 심층 리서치는 법률 전문가보다 그 수준이 낮지만 판례 평석의 작성을 위한 기초 리서치 단계에서는 충분히 제 몫을 수행해 낼 수 있으며, LLM답게 창의성을 발휘합니다.

챗GPT의 심층 리서치는 프로젝트 기능을 사용할 수 없습니다. 일반 채팅창에 직접 지시문들을 기재해야 합니다.

 **Prompt**

다음 판결, 특히 지방법원판결의 내용에 집중하여 판례 평석을 작성해 줘. 주제는 퇴직연금보험료의 연구·인력개발비 세액공제 대상 여부에 한정합니다. 판결은 채팅창에 첨부했습니다.

수원지방법원 2019년 2월 18일 선고 납세자 일부패소 2018구합66525 판결

수원고등법원 2019년 11월 27일 선고 납세자 일부패소 2019누10197 판결

대 법 원 2020년 4월 9일 선고 납세자 일부패소 2019두62352 판결

#지시문
당신은 20년간 대학에서 법학을 연구해 온 대학 교수인 김성수입니다. 채팅창에서 제시된 판례(심판례, 유권해석)에 대하여 판결의 의미를 심층적으로 이해하고 이를 실무나 학문적 논의에 활용하기 위한 판례 평석을 작성합니다. 아래의 #제약조건과 #정보를

참조하여 #출력 형식에 따라 출력합니다.

#제약조건

- 외부 인터넷 검색 시에는 블로그, 뉴스, 개인 웹사이트 등 일반적이고 비전문적인 자료는 지양하고, 학술 논문, 전문 연구 보고서, 공식적인 법령, 예규, 판례와 같은 신뢰도가 높은 전문 자료를 중심으로 참조합니다.
- 학술 데이터베이스(예: DBpia, KISS, RISS, ScienceDirect, Google Scholar 등) 및 공공기관, 전문 연구기관의 공식 자료를 우선하여 활용합니다.
- 법령, 예규, 판례는 국가법령정보센터, 대법원 판례검색 시스템(사법정보공개포털), 각종 전문 법률 데이터베이스에서 최신 자료를 확보하여 활용합니다.
- 법령과 판례는 최신 판본을 우선적으로 활용하며, 오래된 자료일 경우에는 최신성을 확인하고 필요한 경우 추가적인 업데이트 여부를 검토합니다.

#정보

- 쟁점은 해당 판례(심판례)에서 제시된 '심리 및 판단' 부분의 '쟁점'을 기재함. 쟁점이 여러 개인 경우에는 쟁점별로 번호를 부여하여 작성함. 당신이 추가로 쟁점으로 판단한 부분도 기재 가능함. 납세자, 과세관청 및 법원(또는 심판원)의 쟁점별 주장을 요약하여 표로 작성하여 비교 가능하도록 함.

- 사실관계는 해당 판례(심판례)에서 제시된 처분 개요를 기재함. 처분의 대상이 되는 사실과 처분 내용을 간결하게 정리하여 명확하게 기재하되 처분 일자, 처분청, 처분 대상자, 처분이유, 세목 및 세액 등이 포함되도록 기재함.
- 심리 및 판단은 해당 판례(심판례)에서 제시된 '심리 및 판단' 부분의 '사실관계 및 판단' 부분에서 판단의 내용을 요약하여 기재함. 해당 판례(심판례)의 결론을 받을 수 있도록 하는 권리 또는 법률관계를 발생시키는 구체적인 사실관계와 법령의 해석과 관련된 주장을 기재함. 대법원 판결 또는 고등법원 판결인 경우 원심판결의 요지와 대법원 판결의 요지를 구분하여 기재함.
- 관련 규정은 '심리 및 판단' 부분의 '관련 법령'을 기재함. 원문을 그대로 기재하며, 검토와 관련되어 추가적으로 관련된 법령도 외부 인터넷 검색을 통하여 원문을 기재함.
- 검토에서는 판례를 법리적으로 분석하고 평가함.
- 쟁점의 정리에서는 판례에서 다루고 있는 세법상 핵심 쟁점을 정리하고 쟁점이 왜 중요한지 설명함(법적, 실무적, 정책적 의의 간략히 제시).
- 관련 법령 및 기존 판례의 검토에서는 해당 쟁점과 관련된 세법 규정을 분석하고, 유사한 쟁점을 다룬 과거 판례의 주요 논점 및 입장을 소개하며, 필요 시 학설이나 이론적 배경을 설명함.

- 대상 판례의 법리 분석 및 평가에서는 대상 판례의 법리적 논거와 논리 구조를 분석하고, 법원의 해석 및 적용이 기존 판례나 세법 원칙과 정합적인지 평가하며 판례가 세법상 실무나 이론에 미치는 영향을 검토함. 실무적 적용 방안을 제시함.
- 결론 및 향후 과제에서는 대상 판례가 제시한 결론의 타당성 및 비판적 의견을 제시하고 향후 유사한 분쟁 시 법원의 태도를 예측하고 바람직한 입법적 개선 방향을 제시함.
- 참고문헌에서는 주요 참고 논문과 단행본 등을 명시함.

#출력 형식
1. 쟁점
2. 사실관계
3. 심리 및 판단
4. 관련규정
5. 검토
   가. 쟁점의 정리
   나. 관련 법령 및 기존 판례의 검토
   다. 대상 판례의 법리 분석 및 평가
   라. 결론 및 향후 과제
6. 참고문헌
7. 이외의 다른 사항은 출력하지 않는다.

검색 범위를 블로그, 뉴스보다는 논문이나 전문적 연구보고서 등으로 한정해야 합니다. 자료의 출처도 학술 데이터베이스, 국가법령정보센터 등에서 수집하도록 #제약 조건을 설정합니다. 사건 발생일로부터 판결일까지는 수년이 걸리는 등 장기간에 걸쳐 발생하게 되므로, 법령과 판례를 최신 자료로 업데이트하도록 합니다.

#정보와 #출력 형식을 통해서 판례 평석 특유의 형식에 따르도록 합니다. #출력 형식에서는 판례 평석의 일반적 목차를 지정하고, #정보에서는 해당 목차에서 다루어져야 할 내용을 설명해 줍니다. 이러한 #출력 형식과 #정보의 콤비는 불복 이유서 작성 봇에서 이미 사용한 메커니즘입니다.

실제 사례는 제5장에서 보겠습니다(266페이지를 참고하세요).

의견서 작성 봇 - 질문

불복 절차에서 이유서를 작성하는 업무, 판례 평석을 쓰는 업무보다는 세무 컨설팅을 수행하면서 의견서를 작성할 기회가 상대적으로 많습니다.

다른 문서 작성 봇과 동일하게 의견서 작성 봇에서도 챗GPT의 심층 리서치를 사용하는 것을 추천합니다. 다만, 여기에서는 #질문 프롬프트 설계 과정을 추가하기 위하여 퍼플렉시티의 심층 연구를 사용합니다. 의견서 작성은 다른 문서 작성 봇에 비하여 더 다양한 상황과 부딪히기 때문입니다.

세무 컨설팅 의견서 작성은 불복 이유서나 판례 평석보다는 문서 형식에 자유도가 높습니다. 필자는 #출력 형식을 경영진에 대한 요약, 질의 배경, 질의 사항, 검토로 나누었습니다. 그리고, 각 문단에 들어갈 내용을 #정보로 제공하였습니다. 기존의 불복 이유서 작성 봇이나 판례 평석 작성 봇과 유사한 방식입니다. 형식이 있는 문서 작성은 #정보와 #출력 형식의 콤비를 사용하면 만족스러운 답변을 얻을 수 있습니다.

의견서 작성 봇이 사용자에게 추가 질문을 던진 후 답변받아 리서치를 진행하도록 하였습니다. #질문 프롬프트는 프롬프트 셋(set)의 가장 처음에 위치시켰습니다. 사용자에 대한 추가 질문 없이 AI 챗봇이 리서치를 시작하는 경우가 많기 때문입니다.

그리고 채팅창에도 사용자에게 질문할 것을 요청했습니다. AI 챗봇은 채팅창에서 지시하는 내용을 우선적으로 따르도록 설계되어 있기 때문입니다.

#제약조건에서는 세무 컨설팅 의견서의 일반적인 형식을 지정하였습니다. 분량은 3~5페이지 정도, 목차는 3단 이내로 하고, 경어를 사용하도록 "문장의 끝을 '~습니다'로 끝나는 완전한 서술문 형태로 작성"할 것을 요청했습니다.

 Prompt

#질문
반드시 사용자에게 먼저 구체적이고 명확한 추가 질문을 던져 필요한 정보를 얻으십시오.

추가 질문의 예시:
- 사용자가 인식하고 있는 법적 쟁점을 요청
- 사용자가 알고 있는 관계 법령의 조문에 대해 요청
- 사용자가 알고 있는 예규/판례를 요청
  추가 질문을 통해 충분한 정보를 확보한 후에만 리서치를 진행하여 의견서를 작성하세요.

#지시문
너는 세무 전문가로서 세무 의견서를 작성하는 김성수야. #제약조건과 #정보를 참조하여 #출력 형식에 따라 세무 컨설팅 의견서를 작성해 줘.

#제약조건
1. 3~5장 정도의 보고서 형식으로 작성한다.
2. 의견서는 목차를 사용하되, 3단 목차 이내에서만 작성한다.
3. 문장의 끝을 '~습니다'로 끝나는 완전한 서술문 형태로 작성해 줘.

#정보
- 경영진에 대한 요약에서 아래의 검토 내용을 세무에 대한 지식이 많지 않은 경영진이 쉽게 이해할 수 있도록 요약함. 이슈의 핵심, 세무적 리스크, 예상되는 과세 영향 등을 간결하고 명확하게 정리, 실무적 대응 방안 및 권고 사항 명시. 경영진이 의사결정에 참고할 수 있도록 재무적 또는 세무적 영향을 간략히 기술.

- 질의 배경에서는 회사가 질의하게 된 이유와 목적을 설명함. 현재 기업의 세부 상황 또는 이슈의 개요를 정리함. 해당 이슈가 발생하게 된 배경 또는 관련된 거래의 개요도 정리함. 필요 시에는 과세관청의 최근 동향이나 이슈를 언급함.
- 질의 사항에서는 회사가 궁금해하거나 해결하고자 하는 핵심 질문을 정리함. 구체적이고 명확한 질의 사항을 세부 항목으로 나누어 제시함(예컨대, 1, 2, 3번 등). 회사의 요청 사항을 명확히 하여 컨설팅 목적과 범위를 제한함.
- 검토에서 질의 사항에 대한 법적 근거를 제시하고 판례/예규/심판례 등 유사 사례를 분석하고 비교함. 대안이 존재할 경우 각각의 장단점과 리스크를 평가함. 세법 및 관련 규정에 따른 논리적이고 명확한 해석 및 의견을 제시함. 권고안 또는 해결 방안을 명시함.

#출력 형식
- 경영진에 대한 요약
  1. 질의 배경
  2. 질의 사항
  3. 검토
- 이외의 다른 사항은 출력하지 않는다.

구체적 사례는 제5장에서 보겠습니다(300페이지를 참고하세요.).

예규심 추론 봇 - 도출 과정

기획재정부 국세예규심사위원회(이하 "예규심")는 각 세무서와 국세청에서 판단하기 힘든 세무상 질의를 최종적으로 판단하는 위원회입니다. 기존 세법 해석이나 일반화된 국세 행정 관행을 변경하여야 할지를 논의합니다.

대학 교수 등 민간위원 약 10분, 세제실의 고위 공무원 약 10분 정도가 예규심에 참석합니다. 예규심에 올라오는 질의는 일반 세무 상담에서 볼 수 없는 매우 어려운 수준의 질의가 많습니다. 심의에 앞서 세제실에서 안건에 대한 법적 근거, 논리 등을 담은 상세한 해설 문건을 위원에게 제공합니다.

해설 문건이 외부 인터넷 자료보다 훨씬 우월한 논리 등을 제공하므로, 예규심 추론 봇에서는 주로 기재부 예규심의 해설 문건에 근거하여 추론을 진행하겠습니다. 가장 높은 수준의 추론을 보여주는 챗GPT의 심층 리서치를 사용합니다. 맞춤형 AI 챗봇인 프로젝트에서는 심층 리서치를 사용하지 못하므로 기본 채팅창에 직접 프롬프트 템플릿을 기입합니다.

외부 인터넷 검색은 허용하지 않았으며, 세제실의 안건에 대한 설명 문서만을 채팅창에 첨부하였습니다. 신뢰성 있는 내부 데이터는 외부 데이터보다 정확도를 높일 수 있습니다.

지시문에서는 페르소나와 함께 갑설, 을설 등의 대안에서 하나를 채택할 것을 요청 사항으로 합니다.

예규 심사에는 특별한 문서 형식이 없으므로 #출력 형식 프롬프트는 제외합니다. #출력 형식은 AI 챗봇의 창의적인 생성력을 제한할 수 있기 때문입니다. #출력 형식 프롬프트가 불필요하므로, #정보를 사용하지 않고 대신 #도출 과정에서 예규 심사에 필요한 단계를 정리했습니다. #도출 과정의 프롬프트는 클로드 3.7 Sonnet의 답변을 기초로 작성했습니다.

먼저 핵심 이슈를 정의하고, 다양한 대안을 정리한 후, 대안 간을 비교 분석하여 결론을 도출하는 과정을 설계했습니다. 일련의 순서가 존재하므로 #정보 마크다운보다는 #도출 과정을 사용했습니다.

Prompt

#지시문
너는 기획재정부 국세예규심사위원회의 민간위원인 김성수야. 세법 기본서를 저술한 전문가로서 답변해 줘. 채팅창에 첨부된 파일의 여러 대안(예시, 1안과 2안, 갑설과 을설) 등에서 한 의견을 채택해 줘.

#도출 과정
1. 안건의 핵심 이슈 정의: 본 사안의 핵심 쟁점 파악, 기존 세법 해석이나 관행에서 벗어난 이유 정리, 이 안건이 국세 행정에 미치는 영향 파악
2. 갑설과 을설 등 다양한 대안 정리하기: 갑설과 을설 등 다양한 대안의 주요 논거, 법적 근거 및 실익과 한계점을 인식하기

3. 대안의 비교 분석: 다음 '가'부터 '라'까지 사항에 대해 대안 간에 심층 분석

   가. 법적 정합성: 관련 법령과의 일치성, 상위법 및 관련 법령과의 체계적 해석, 법률 목적과의 부합성

   나. 실무적 적용 가능성: 집행 용이성, 예상되는 실무적 혼란 또는 문제점, 납세자 수용가능성

   다. 조세 정책적 영향: 과세 형평성에 미치는 영향, 세수에 미치는 영향, 경제적 파급효과

   라. 유사 사례 및 판례 검토: 유사 사례에서의 해석 방향, 관련 판례의 논리와 결론 검토

4. 결론: 검토된 대안에 대해 다음과 같이 대안을 도출하고 평가

   가. 최적 대안 제시: 갑설/을설 중 선택 또는 제3의 대안 제시, 선택 이유와 핵심 논거 요약

   나. 실행 방안: 구체적 적용 방법, 필요한 후속 조치 제안, 관련 지침 또는 예규 수정 방향

   다. 보완 사항: 해석 적용 때 고려되어야 할 사항(리스크), 추가 검토가 필요한 사항

   라. 제언: 유사 사례 관련 제도 개선 방향, 장기적 관점에서의 세법 개정 방향 제안

다음은 예규심 추론 봇을 작동시켰을 때, 퍼플렉시티 심층 연구의 단계별 활동(Tasks)을 요약한 그림입니다. 챗GPT의 심층 리서치를 봇으로 사용했으므로 심층 리서치의 챗봇 활동을 제시하여야

하였으나, 심층 리서치는 하나의 활동(예, 유사 판례 조사)을 너무 세분화하여 표시하므로 활동 간 구분이 쉽지 않습니다. 이에 퍼플렉시티 심층 연구의 활동을 제시하였습니다. AI 챗봇의 단계별 활동을 보고 싶을 때는 퍼플렉시티를 추천합니다.

필자가 #도출 과정에서 요청하였던 바가 12단계의 활동에 적절히 구분되어 반영되었습니다.

┃ 심층 연구의 단계별 활동 ┃

```
웹 검색 → 핵심 이슈 파악 → 관련 법령 파악 → 대안의 비교 분석
                                                    ↓
유사 사례 검색 ← 조세 정책적 영향 고려 ← 실무상 적용 가능성 고려 ← 법적 정합성 검토
  ↓
최적 대안 제시 → 실행 방안 검토 → 보완 사항 검토 → 제언 작성
```

조특법 작가 업데이트 봇 - 도출 과정/출력 형식

본서의 첫 부분인 머리말에서 얘기한 「조세특례제한법 해석과 사례」 기본서 책자를 매년 개정된 세법에 맞추어 업데이트하는 맞춤형 AI 챗봇입니다.

조세특례제한법은 매년 세법 개정이 가장 많은 분야로 개정세법

내용 중 3분의 1가량이 조특법 개정 사항입니다. 10년 이상 기본서를 써 온 필자이지만 방대한 개정 내용을 업데이트하게 되면 시간이 많이 소요될 수밖에 없습니다.

다만, 이 봇은 인터넷 검색이 필요 없으므로 챗GPT의 프로젝트를 사용합니다. 프로젝트는 이미지 파일을 인식하는데 오류가 종종 발생합니다. 문서를 검색 및 선택 가능한 OCR PDF로 만들어야 합니다(187페이지를 참조하세요).

#지시문에서는 페르소나를 부여하고 프롬프트 셋(set)에서 사용될 마크다운을 언급합니다.

개정 세법 내용을 이해하고, 그 내용을 파일 영역에 첨부된 기본서 파일에서 검색한 후, 양자를 비교 분석하여 기본서 내용을 재작성하는 과정으로 설계했습니다. 세부 과업의 순서가 있는 작업이라 #도출 과정을 사용했습니다. #도출 과정의 프롬프트는 역시 클로드 3.7 Sonnet에 대한 질의·답변에 첨삭하여 작성했습니다.

환각 방지를 위하여 출처를 표시하게 할 목적으로, #제약 조건과 #정보를 통해 '정보 부족'과 페이지 표시를 요청했습니다. #출력 형식도 도출 과정과 출처 표시를 나타낼 수 있도록 출처, 비교 분석 등을 출력하도록 했습니다.

지침

#지시문

너는 조세특례제한법을 10년째 집필해 오고 있는 세법 작가 김성수야. 채팅창에서 제시해 주는 개정세법 내용을 참조하여 프로젝트 파일에 첨부된 조세특례제한법 기본서에서 변경되어야 할 부분을 찾아 최신 내용으로 다시 작성하는 거야. #도출 과정에 따라 진행하고 #정보와 #제약조건을 참조하여 #출력 형식에 따라 출력해 줘.

#도출 과정

1. 개정세법 내용 이해하기: 채팅창에 제공된 개정세법 내용을 자세히 분석하고, 핵심적인 변경 사항을 명확하게 요약함. 예를 들어, 개정된 조문 번호와 명칭, 주요 변경 사항 요약(신설/개정/삭제), 시행 시기, 세율, 한도, 기간 등 구체적인 수치 변화.

2. 조세특례제한법 기본서 내 개정 전 내용 검색: 프로젝트 파일 영역에 첨부된 조세특례제한법 기본서(파일 이름에 'Chapter'가 일부 표시되어 있음)에서, 방금 분석한 개정세법에 대응되는 조항과 내용을 정확히 찾아내어 제시함. 조문 번호와 주요 키워드를 중심으로 검색함. 해당 내용이 기본서의 어느 부분에 위치하는지 페이지 번호를 정확히 알려 줄 것.

3. 기본서에서 찾은 내용과 개정세법의 내용을 비교 분석: 가능하다면 표로 작성할 것. 예를 들어, 적용 대상의 변경, 세율 또는 공제율의 변경, 적용 기간의 변경, 적용 조건의 변경, 기타

중요 변경 사항.

4. 최신 개정세법 내용 반영하여 재작성: 개정세법의 내용을 기준으로, 기본서의 기존 내용을 대체할 수 있도록 개정된 내용을 명확하게 반영하여 재작성함. 개정된 조항의 내용이 기본서의 흐름과 논리적 일관성을 유지할 수 있도록 연결 문장이나 부연 설명도 함께 제시함. 김성수 작가의 기존 집필 스타일과 전문성을 유지함.

#제약조건
- 기존 기본서에서 개정세법 내용에 대응되는 내용을 찾지 못한 경우 "정보 부족"이라고 표시

#정보
- 페이지 번호란 기존 내용을 포함하고 있는 파일의 해당 페이지를 말함. 페이지 번호는 페이지 상단의 머리말 우측 또는 좌측에 표시되어 있음.

#출력 형식
- 개정세법 내용: [개정세법 내용]
- 출처: [기존 기본서의 파일 이름과 페이지 번호]
- 기존 내용: [기존 기본서에서 찾은 내용]
- 비교 분석: [항목] [기존 내용] [개정 내용]
- 재작성: [재작성한 내용]
- 다른 내용은 출력하지 않는다.

기능은 챗GPT의 프로젝트, 언어 모델은 GPT-4.5를 사용합니다.

아래와 같이 질문을 짧게 하고, 기획재정부 개정세법 해설의 한 페이지를 스캔하여 채팅창에 첨부하였습니다. 성과공유 중소기업 경영성과급에 대한 세액공제 등의 공제율 인하 및 적용 기한 연장이라는 비교적 단순한 개정 사항입니다. 복잡한 개정 사항의 경우, 오류가 많다는 점을 참고 바랍니다.

개정 사항을 기본서 본문에 반영해 줘.

(5) 성과공유 중소기업 경영성과급에 대한 세액공제 등의 적용기한 연장 및 재설계(조특법 §19)

현 행	개 정 안
□ 성과공유 중소기업*이 지급하는 경영성과급**에 대한 세액공제 등	□ 적용기한 연장 등
* 경영성과급 지급 등을 통해 근로자와 성과를 공유하고 있거나 공유하기로 약정한 중소기업 ** 경영목표 설정 및 목표 달성에 따른 성과급 지급을 사전 서면 약정하고 근로자에게 지급하는 성과급	
❶ 경영성과급을 지급한 중소기업에 대한 소득·법인세 세액공제	○ 공제율 인하 및 적용기한 연장
- (공제율) 15% 공제	- 15% → 10%
- (적용기한) '24.12.31.	- '27.12.31.
❷ 성과공유 중소기업에 종사하는 근로자*에 대한 소득세 감면	○ 적용기한 연장
* 총급여 7천만원 이상인 자, 최대주주 등 제외	
- (감면대상소득) 성과공유제를 통한 경영성과급 지급액	- (좌 동)
- (감면율) 소득세 50% 상당 세액감면	
- (적용기한) '24.12.31.	- '27.12.31.

⟨개정이유⟩ 중소기업 성과공유 지원 및 제도 합리화

⟨적용시기⟩ '25.1.1. 이후 개시하는 과세연도에 지급하는 분부터 적용

아래의 답변은 AI 챗봇이 성공적으로 응답한 경우입니다. 요청한 5개의 사항에 대해 모두 정확하게 답변했습니다. 출처를 정확하게 제시했으며, 기존 내용을 검색하여 올바르게 재작성했습니다. 하지만, 실제 사용 시에 정답을 제시할 확률이 상당히 낮습니다. 동일한 언어 모델, 기능 및 프롬프트 셋을 사용하더라도 답변의 오류가 많았습니다.

개인적인 의견으로는 2,200페이지에 달하는 내용을 전부 읽고 맥락을 이해하여 개정 사항을 반영한다는 것이 AI 챗봇에게 아직 쉽지 않은 것으로 추측됩니다. 또한, 개정세법 책자에서는 그 내용이 표로 작성되어 있으며, 보통 한 페이지 내에 작성하려다 보니 기호와 생략, 특이한 작성법이 존재하는데, 이 작성법의 맥락을 AI 챗봇이 인식하지 못하는 것 등도 원인으로 생각됩니다.

- 개정세법 내용:
성과공유 중소기업 경영성과급에 대한 세액공제 제도가 2027년 12월 31일까지 연장되고, 세액공제율이 현행 15%에서 10%로 인하됨(2025년 1월 1일부터 적용).

- 출처:
기존 기본서 『3_Chapter 3.pdf』, 페이지 599

- 기존 내용:

성과공유 중소기업이 고용을 유지하면서 상시근로자에게 지급하는 경영성과급 금액의 15%를 세액공제하고, 이를 지급받은 근로자는 소득세의 50%를 감면받는 제도로, 일몰 기한은 2024년 12월 31일까지임.

- 비교분석:

항목	기존 내용	개정 내용
세액공제율	15%	10%로 인하
적용기한	2024년 12월 31일	2027년 12월 31일까지 연장
시행시기	기존 적용중	2025년 1월 1일부터 적용

- 재작성:

중소기업이 근로자와 성과를 공유하기 위해 고용을 유지하면서 지급하는 경영성과급에 대한 세액공제가 기존의 15%에서 10%로 인하되며, 이 제도의 적용 기한이 2027년 12월 31일까지로 연장되었다. 근로자가 지급받은 경영성과급의 소득세 50% 감면은 유지되며, 개정된 세액공제율 및 연장된 기한은 2025년 1월 1일부터 적용된다. 본 특례는 중소기업의 임금 격차 해소와 인력 유입 촉진을 위한 성과공유제 활성화의 취지에서 마련된 것이다.

대안을 제시해 본다면, 아래와 같이 💡 해당 내용을 포함하는 파일명을 구체적으로 지정하면 응답 속도가 빨라집니다. 참고로 챗GPT에서 파일명 인식은 언어와 상관없이 파일명이 정확히 일치하기면 하면 되므로, 한글이나 영어 모두 지원 가능합니다. 다만, 띄어쓰기나 철자가 정확히 일치해야 하며, 대소문자까지 구분함에 유의하여야 합니다.

해외자원개발투자세액공제에 대한 개정 사항을 기본서에 반영해 줘. 내용은 파일명 'Chapter 14-15.pdf'에서 검색해 줘. 관련 내용을 표로 요약한 부분에서 찾지 말아줘.

제5장

AI 챗봇의
세무 업무 사례

제5장

AI 챗봇의 세무 업무 사례

머리말에서 언급하였듯이, AI 챗봇을 세무 업무에 활용할 수 있는 4가지 주된 영역은 세무 상담, 예규 검색, 의견서·불복 이유서·판례 평석 등 문서 작성 및 추론(reasoning, 논리적 사고) 영역입니다.

1. AI 챗봇, 쟁점 파악에 강해지다 - 세무 상담 봇

질의

법인의 부동산을 주주의 자녀에게 양도하려고 합니다.
시가 평가 순서가 1) 감정가액 2) 상증세법상 보충적평가로 하도록 규정하고 있는데, 1)번의 감정을 하지 않고 2)번의 방법에 따라 토지는 공시지가, 건물은 기준시가로 평가하여 양도하여도 법인세법상 문제가 없는지를 문의드립니다.

질의는 매우 단순합니다. 질의에 사실관계만 짧게 언급되었을 뿐, 관련 법조문, 참고 예규, 질의자의 의견(갑설, 을설), 쟁점 사항 등이 거의 기술되어 있지 않습니다. 이런 상황에서 세무 상담 봇이 맥락을 이해하여 쟁점을 정확히 파악하는지를 먼저 보겠습니다. 챗GPT-4.5 모델을 사용하였고 인터넷 검색을 허용하였으며 채팅창에서 직접 질의하였습니다.

ChatGPT-4.5

법인의 부동산을 특수관계인(주주의 자녀 등)에게 양도할 때 법인세법상 시가를 어떻게 평가할 것인가의 문제인데, 다음과 같이 정리할 수 있습니다.

검토 핵심 사항

법인세법상 특수관계자에게 부동산 양도 시 시가평가 순서
- 1순위: 감정가액
- 2순위: 상속세 및 증여세법상 보충적 평가액(토지는 개별공시지가, 건물은 기준시가)

실무에서는 자주 편의적으로 감정을 받지 않고 곧바로 보충적 평가 방법(공시지가, 기준시가)을 사용하기도 하는데, 이에 따른 법인세상 문제점을 정확히 살펴야 합니다.

현행 규정(법인세법 시행령 §89 ②, ③)

법인세법 시행령 제89조는 특수관계자 간 거래 시 시가를 다음과 같은 순서로 적용하도록 하고 있습니다.

1. 거래일 전후 6개월 이내의 기간 중 감정평가법인으로부터 평가받은 감정가액이 있는 경우

감정가액

2. 감정가액이 없을 때는 상속세 및 증여세법상 보충적 평가 방법

토지(개별공시지가), 건물(기준시가) 등으로 평가한 가액

즉, 법령상 명확히 "감정가액이 없을 때에 보충적 평가를 적용한다" 라고 규정하고 있습니다.

감정가액을 생략한 경우의 문제점

감정평가를 받지 않고 곧바로 보충적 평가액을 적용하면 세무상 문제점은 다음과 같습니다.

1. 국세청의 시가 부인 가능성

   - 국세청은 특수관계자 간 거래에서 보충적 평가액이 현저히 시가와 괴리된다고 판단할 경우, 이를 부당행위계산부인 하여 다시 감정가액이나 인근 유사거래가액을 기준으로 과세할 가능성이 높습니다.

2. 부당행위계산 부인으로 인한 법인세 추가 과세

   - 보충적 평가액으로 거래 후 국세청이 추후에 시가로 인정하는 감정가액을 산정하면, 그 차액만큼 법인은 법인세를 추가 부담해야 합니다. 또한, 가산세(과소신고가산세 등)가 추가될 수 있습니다.

3. 양수자인 주주의 자녀에게 증여세 추가 과세 위험
- 저가로 부동산을 양수했다는 이유로 자녀에게 증여세가 별
도로 추가될 가능성이 있습니다.

□ 실무적으로 안전한 처리 방법
감정평가를 생략할 때는 다음과 같은 위험을 반드시 고려해야
합니다.
- 부동산의 규모가 크거나 가치가 상당하여 감정가액과 보충
적 평가액 간의 차이가 클 것으로 예상될 경우 반드시 사전
감정평가를 받아 거래하는 것이 안전합니다.
- 감정평가비용 대비 법인세·증여세 추가 부담 위험을 종합적
으로 검토하여 판단하는 것이 필요합니다.
규모가 작거나, 감정가액과 공시지가(기준시가)가 큰 차이가
없다고 판단된다면 보충적 평가를 그대로 사용하는 사례도
있지만, 원칙적으로는 감정평가를 먼저 진행하는 것이 안전
합니다.

□ 결론 및 권장사항
- 법령상 명확히 감정평가가 우선순위입니다.
- 감정평가 없이 곧바로 보충적 평가액 적용 시 국세청이 부당
행위계산 부인을 할 위험성이 매우 높습니다.
- 가능하면 감정평가를 실시하여 세무 리스크를 최소화하는
것이 바람직합니다.

- 만약 감정평가를 하지 않을 경우, 향후 국세청 세무조사 등
에 대비한 충분한 입증자료를 준비할 필요가 있습니다.

즉, 법인세법상 감정을 생략하고 공시지가 및 기준시가로 평가하
여 거래할 수 없는 것은 아니지만, 세무조사 시 부인될 가능성이
높기 때문에 법인세법상 문제의 소지가 매우 크다고 판단됩니다.
가급적 감정평가 후 거래를 권장합니다.

GPT-4.5 모델이 쟁점을 정확히 파악했습니다. 쟁점은 편의상
감정평가 없이 곧바로 보충적 평가 방법을 바로 적용하는 실무에
서 발생하는 세무상 리스크입니다.

이에 대한 결론도 적정합니다. 감정평가 없이 보충적 평가액을
적용하면 세무조사에서 부당행위 계산 부인을 당할 위험성이 높
기 때문에 AI 챗봇은 가능한 감정평가의 시행을 추천합니다.

퍼플렉시티의 장점(pro) 검색 기능을 사용한 세무 상담 봇도 결
론은 유사합니다. 이에 결론만 제시합니다. 다만, 의견의 도출 과
정은 챗GPT를 활용한 세무 상담 봇이 더 우월하였습니다.

 **Perplexity-장점**

5. 결론 및 권고사항
 - 감정평가 없이 보충적 평가 방법을 적용해도 법적으로 허용
  되나, 해당 금액이 실제 시가와 유사해야 안전합니다.

- 특수관계인 간 거래로 인한 세무 리스크를 줄이기 위해, 감
  정평가를 통해 시가를 명확히 산출하거나, 보충적 평가 방법
  으로 산출한 금액이 시가와 유사하다는 근거 자료를 준비하
  는 것이 좋습니다.
- 사전에 세무 전문가와 상의하여 거래 구조 및 세금 리스크를
  철저히 검토하시길 권장해 드립니다.

쟁점과 결론이 타당하지만, 법률 규정이나 예규·판례 등을 제
시하지 않은 점이 아쉽습니다. 이에 챗GPT의 심층 리서치를 구동
해 보기에 앞서 필자가 생각하는 감정가액 필요성에 대한 근거를
적어 보겠습니다.

시가의 적용 순서를 기재한 법인세법 시행령 제89조 1항 및 2항
에서는 시가의 적용 순서로 ① 유사거래가액, ② 감정가액, ③ 상
증법상 평가액을 따르도록 규정합니다. 하지만, 동 규정은 시가의
작용 순서이지 감정가액이 없어도 반드시 감정평가를 수행하라는
의미로 볼 수는 없습니다.

이에 두 가지 쟁점을 떠올려 봅니다. 첫째, 상증법상 평가 기간
의 규정과 평가 기간 이외의 사례가액에 관한 규정이 법인세법에
준용되는지 여부입니다. 둘째, 법인세법상 소급 감정을 허용할 수
있는지 여부입니다.

첫째, 상증법에서는 평가 기준일(예, 증여일) 전 6개월부터 평가
기준일 후 3월 이내의 기간 중에 감정 등 사례가액이 있는 경우에

는 이를 시가로 보도록 합니다(상증령 제49조 2항). 그리고, 평가기준일 전 2년 또는 평가 기간 후 법정결정기한까지의 기간에 감정 등이 있는 경우에 재산평가심의위원회의 자문을 거쳐 시가로 인정할 수 있습니다(같은 조 1항 단서).

이러한 상증세법상 평가 기간 등의 규정을 법인세법에 준용할 수 있는지가 첫째 쟁점입니다. 그러나, 시가가 불분명한 경우 상증법상 보충적 평가 방법을 준용하도록 한 법인세법에서는 상증법 제61조부터 제66조까지의 규정만을 준용하도록 할 뿐, 제60조 평가의 원칙 등을 준용하고 있지 않으므로, 그 하위 시행령인 상증령 제49조도 준용될 수 없습니다.

따라서, 상증법상 평가 기간 및 평가 기간 이외의 사례가액 규정은 법인세법에 준용될 수 없습니다.

둘째, 위의 평가 기간 규정 등이 준용되지 않기 때문에 법인세법에서는 평가 기간에 관계없이 감정이 가능합니다. 즉, 소급 감정이 허용될 수 있습니다. 개인적인 의견으로는 개인보다는 법인의 세무 업무 능력이 우월하므로 더 높은 시가 준수 의무를 부담시킨 것으로 생각합니다.

상증세법 사례에서는 원칙적으로 국세청 및 조세심판원 등에서는 평가 기간을 벗어난 소급 가액을 인정하지 않지만, 법원에서는 감정이 객관적이고 합리적인 방법으로 적정하게 이루어진 경우 등에 예외적으로 시가로 인정합니다(대법원 2004.03.12., 2002두10377).

물론 법인세법에서도 법적 안정성의 위험을 근거로 원칙적으로 소급 감정은 인정하지 않고 있습니다(서이-1532, 2007.08.20.). 그러나, 해당 감정가액이 신뢰성이 있는 경우에는 개별 사례별로 적용 여부를 판단하도록 합니다(국심 93부 1731, 1993.12.30.). 상증세법과는 달리 법인세법에서는 조세심판원의 심판례에서도 소급 감정을 일정 부분 허용합니다.

결론적으로 법인세법은 감정가액의 신뢰성이 높다면 소급 감정을 허용하므로 시가와 보충적 평가액의 차이가 큰 경우에는 감정을 수행하는 것이 바람직하다고 봅니다.

이제 챗GPT의 심층 리서치를 작동해 보겠습니다. 아래에서 보는 것처럼, 심층 리서치는 본격적인 조사에 들어가기에 앞서 몇 가지 선행 질문을 던져 맥락의 온전한 이해를 구합니다. 사용자의 최초 질문은 동일하고 챗GPT의 선행 질문부터 시작합니다.

ChatGPT-심층 리서치

법인세법상 문제 여부를 판단하기 위해 몇 가지 추가 정보가 필요합니다.

1. 법인의 형태와 해당 부동산의 용도 (예: 업무용, 투자용 등)
2. 해당 거래의 목적 (예: 증여, 매매 등)
3. 법인의 정관 또는 내부 규정에서 감정평가를 반드시 거치도록 규정하고 있는지 여부

4. 시가 평가 순서(감정가액 → 상증세법상 보충적 평가)가 법인 내부 규정인지, 관련 법령(예: 법인세법, 상속세 및 증여세법)에 따른 것인지
5. 법인의 과거 유사 거래에서 감정평가 없이 공시지가 및 기준시가를 사용한 사례가 있는지 여부

이 정보를 공유해 주시면 보다 정확한 답변을 제공해 드릴 수 있습니다.

Prompt

1. 법인의 형태는 부동산업이고, 해당 부동산의 용도는 투자용임
2. 증여
3. 없음
4. 법인세법 시행령 제89조
5. 없음

답변 중 본문의 내용 중 중간 목차에 해당하는 법인세법상 시가 평가와 부당행위계산 규정, 상속세·증여세법상의 평가 방법과의 관계는 지면 관계상 생략합니다.

추론 과정 중 방문한 사이트는 lawnb.com, legalengine.co.kr, nts.go.kr, call.nts.go.kr, intn.co.kr, magazine.hankyung.com 등이고, 문서는 총 12개입니다. 생각하는 시간은 5분입니다.

감정평가 없이 상속세 및 증여세법상 보충적 평가 방법(토지는 공시지가, 건물은 기준시가)을 적용하여 법인의 부동산을 주주의 자녀에게 증여하는 경우 법인세법상 문제가 발생할 수 있는지에 대해 조사하겠습니다. 법인세법 시행령 제89조를 중심으로, 관련 세법과 국세청 유권해석 및 판례를 참고하여 검토한 후 답변드리겠습니다.

국세청의 해석 및 관련 판례
과세관청과 법원은 특수관계인 간 자산거래의 시가 판단에 있어 감정평가의 중요성을 여러 차례 강조해 왔습니다. 국세청 유권해석 사례를 보면, 법인이 특수관계 법인에 자산을 양도하면서 감정평가법인 2곳의 감정가액 평균액을 거래가로 삼은 경우에도, 해당 감정가액이 객관적이고 합리적인 방법으로 평가되지 않아 적정한 교환가치를 반영하지 않았다면 시가로 볼 수 없다고 회신한 바 있습니다.
이는 설령 감정평가를 거쳤더라도 그 평가가 시세보다 지나치게 낮게 산출되었다면, 과세 목적상 이를 정상적인 시가로 인정하지 않겠다는 의미입니다. 실제 분쟁 사례로, 한 법인이 특수관계인에게 토지를 감정평가액으로 매각했으나 그 감정가가 공시지가에도 미치지 못할 만큼 낮은 경우가 있었는데, 세무 당국은 해당 감정가액의 신빙성을 부인하고 개별공시지가를 시가로 보고 저가 양도에 대한 법인세를 과세하였습니다.

조세심판원 역시 "공신력 있는 감정평가법인의 감정가액이라도 적정성을 결여하면 시가로 인정되지 않을 수 있다"는 취지로 과세처분의 정당성을 인정하였습니다.

이러한 판례들과 해석은 모두, 특수관계인 거래에서 시가 산정은 엄격히 이루어지며, 납세자가 제출한 평가액이 실제 시세를 반영하지 못한다고 판단될 경우 과세관청이 직권으로 시가를 재산정할 수 있음을 보여줍니다. 요컨대 국세청은 감정평가액이 존재하면 이를 중시하지만, 그 결과가 타당하지 않으면 배척하고 공시가격 등 다른 지표나 추가 감정을 통해서라도 시가를 찾아 과세하려는 입장입니다. 특히 최근에는 상속·증여재산에 대한 국세청의 감정평가 예산을 대폭 증액하는 등('24년 46억원 → '25년 96억원) 특수관계인 간 거래의 적정 과세를 위한 감정평가 활용이 늘고 있어,

감정평가를 의도적으로 생략하는 경우 오히려 사후적으로 세무조사의 표적이 될 소지가 커지고 있습니다.

감정평가 생략 시 세무상 위험과 결론

결론적으로, 법인의 부동산 증여 시 감정평가를 생략하고 보충적 평가방법에 따른 가액(공시지가 등)으로 양도하는 것이 형식상 불가능한 것은 아닙니다. 법인세법 시행령 제89조 규정에 따라 감정평가가 없다면 상증법상 평가방법으로 시가를 산정할 수 있으므로, 서류상으로는 공시지가/기준시가를 근거로 증여가액을 책정하는 진행도 가능합니다. 그러나 이러한 접근에는 상당한 세무상 위험이 수반됩니다.

먼저, 공시가격으로 책정한 가치가 실제 시가보다 낮을 경우 법인세법상 부당행위계산 부인이 적용되어, 과세당국이 거래를 시가로 다시 평가해 법인세를 추가 과세할 가능성이 높습니다.

이때 법인은 낮은 가격으로 인해 누렸던 세제상 이득(양도차익 축소 등)이 모두 부인되고, 차액 전액에 대해 추가 법인세 및 가산세를 부담하게 될 수 있습니다. 또한 그 차액 부분은 주주에 대한 의제배당 등으로 처리되어, 주주 개인에게 소득세(배당소득세) 문제가 발생하거나 수증자인 자녀에게는 증여세가 부과되는 등의 이중 과세성 상황도 전개될 수 있습니다. 한편 감정평가서가 없다는 것은 거래가액의 객관성 입증자료가 부족하다는 의미이므로, 추후 세무조사 시 적정 시가를 소명하기가 어렵습니다. 과세당국의 의심을 받을 경우 별도 감정절차를 거쳐 신고가액 대비 높은 시가가 산정된다면, 그 차이에 대한 세 부담을 피할 길이 없고 오히려 가산세 등의 불이익만 커지게 됩니다. 실제로 세무 전문가들은 특수관계인 간의 부동산 이전에서 감정평가를 거치지 않고 진행하는 것은 불필요한 리스크를 감수하는 행위라고 경고합니다.

반대로, 사전에 감정평가를 받아 적정한 시가에 대한 증빙을 확보해두면 거래 후 문제가 생겨도 이를 소명하여 분쟁을 줄일 수 있습니다.

요약하면, 감정평가를 생략하고 공시지가 등으로 증여가액을 산정하는 것은 제도상 가능하지만 현실적으로 법인세법상 큰 문제가 될 소지가 크므로 권장되지 않습니다.

특히 법인의 특수관계인에 대한 자산이전은 세법에서 민감하게 보는 사안이므로, 감정평가를 통해 합리적인 시가를 산정한 후 그에 근접한 가액으로 이전하는 것이 법인세와 증여세 측면 모두에서 안전한 절차라고 할 수 있습니다.

필요한 감정평가 비용에 비해 추후 세무상 불이익이나 분쟁의 위험이 훨씬 크다는 점을 감안하면, 법인의 부동산 증여 시 감정평가를 생략하지 않는 것이 바람직한 대응이라고 판단됩니다.

챗GPT의 심층 리서치에서도 쟁점 파악과 감정평가를 수행하여야 한다는 결론은 동일합니다. 다만, 국세청 유권해석과 조세심판원 심판례를 제시하였으며, 그 출처도 정확히 제시하고 있다는 점이 다른 AI 모델의 아쉬운 점을 충분히 보완해 줍니다.

결론적으로 세무 상담 봇으로 챗GPT의 심층 리서치가 다른 AI 모델에 비해 우월합니다.

2. 내부 데이터는 외부 데이터보다 정확하다
- 조특법 기본서 상담 봇

맞춤형 AI 챗봇에 인터넷 옵션이 있는 경우 외부 인터넷을 검색할지 여부를 선택할 수 있습니다(154페이지를 참조하세요).

세무 상담에 필요한 데이터가 충분하지 못한 경우에는 외부 인터넷 검색을 통해 AI의 지식을 확장해야 합니다. 그렇지만, 본인이 보유하고 있는 데이터베이스가 충분하고 신뢰성이 높다면 오히려 외부 인터넷 검색 옵션을 꺼야 하는 경우도 있습니다.

다음은 조세특례제한법에 대한 상담입니다.

> 조세특례제한법상 기업부설연구소 연구원의 인건비가 세액공제 받기 위해서는 연구원이 속한 해당 조직이 대표이사 산하의 별도 조직으로 있어야 하는지 또는 생산이나 영업 담당 임원의 하부조직으로 존재하여도 되는지 알아봐줘.

이번에는 펠로의 '주제모음 기능'을 사용해 진행하겠습니다. 언어 모델은 GPT-4o이고, 빠른 검색입니다. 조특법 기본서 상담 봇의 사용자 정의 프롬프트(설명서)는 이미 제4장에서 작성했습니다 (170페이지를 참조하세요). 파일(지식 영역)에는 「조세특례제한법 해석과 사례」 기본서 파일이 10개 업로드된 상태입니다.

외부 인터넷 검색 옵션을 비활성화한 후 답변입니다.

> 기업부설연구소 연구원의 인건비가 연구·인력개발비 세액공제를 받기 위해서는 해당 연구소가 독립적인 조직으로 운영되어야 합니다.

그러나 반드시 대표이사 산하의 별도 조직으로 존재해야 한다는
규정은 없습니다. 대신, 연구소가 연구개발 업무를 주요 업무로
수행하고, 독립적인 공간과 요건을 충족해야 한다는 점이 중요합
니다.

관련 규정 및 요건

1. 독립성 요건

기업부설연구소는 기초연구진흥 및 기술개발지원에 관한 법률
(기초연구법)에 따라 독립된 연구개발 조직으로 인정받아야 합
니다.
- 연구소는 <u>고정된 벽체와 별도의 출입문</u>으로 다른 부서와 구
    분된 독립적인 공간을 확보해야 하며, 연구개발 활동이 주요
    업무여야 합니다(기초연구법 시행규칙 §2 ① 1호).
- 연구소가 생산, 영업 등 다른 부서의 하부 조직으로 존재하
    더라도, 연구개발 활동이 독립적으로 이루어지고 연구소로
    서의 요건을 충족한다면 세액공제 대상이 될 수 있습니다.

2. 조직의 위치

연구소가 반드시 대표이사 산하에 있어야 한다는 규정은 없습
니다. 연구소가 생산이나 영업 담당 임원의 하부 조직으로 존
재하더라도, 연구소의 주요 업무가 연구개발 활동이고, 독립적
인 연구개발 조직으로 인정받는다면 문제가 되지 않습니다.

- 다만, 연구소가 연구개발 외의 업무(예: 생산, 영업 지원 등)를 주로 수행하거나, 연구개발 활동이 부수적인 경우에는 세액 공제 대상에서 제외될 수 있습니다.

3. 연구소 인정 절차

기업부설연구소로 인정받기 위해서는 한국산업기술진흥협회 (KOITA)에 신고하고, 연구소의 인적·물적 요건을 충족해야 합니다.

- 연구소가 독립된 조직으로 운영되고, 연구개발 활동이 주요 업무임을 증명해야 합니다.
- 연구소 설립 신고 후 승인된 날 이후 발생한 비용만 세액공제 대상이 됩니다(서면2팀-474, 2007.3.21.).

4. 세액공제 대상 인건비 요건

연구소에서 근무하는 연구원의 인건비가 세액공제 대상이 되기 위해서는 다음 요건을 충족해야 합니다.

- 연구원이 연구개발 과제를 직접 수행하거나 보조하는 업무를 담당해야 합니다.
- 연구소의 행정 업무를 담당하는 직원의 인건비는 세액공제 대상에서 제외됩니다(조특령 별표 6 1호 가목 1)).

관련 사례

- 연구소의 독립성 인정 사례

  연구소가 다른 부서와 사무실이 분리되어 있고, 연구개발 활동이 주요 업무로 수행된다면 독립적인 연구소로 인정받을 수 있습니다(법인 46012-782, 1993.3.30.).

- 예를 들어, 연구소가 생산 부서 산하에 있더라도 연구개발 활동이 독립적으로 이루어진다면 세액공제 대상이 될 수 있습니다.

- 승인 이전 비용의 공제 불가

  기업부설연구소로 인정받기 전 발생한 비용은 소급하여 세액공제를 받을 수 없습니다(조심 2010서2689, 2010.11.22.).

결론

기업부설연구소가 반드시 대표이사 산하의 별도 조직으로 존재해야 하는 것은 아닙니다. 생산이나 영업 담당 임원의 하부 조직으로 존재하더라도, 연구소가 독립적으로 운영되고 연구개발 활동이 주요 업무로 수행된다면 세액공제 요건을 충족할 수 있습니다. 중요한 것은 연구소의 독립성과 연구개발 활동의 적격성입니다.

조세특례제한법 기본서 책자의 내용을 잘 요약해 주었습니다. 1. 독립성 요건, 2. 조직의 위치, 3. 연구소 인정 절차, 4. 세액공제 대상 인건비 요건입니다. 관련 사례도 제시했지만, 질의 사항과 직접적인 연관성이 있다고 보기 어려운 예규·심판례입니다.

하지만, 펠로의 결론에는 동의합니다. 기업부설연구소는 인적요건, 물적 요건 및 연구개발요건을 충족하여야 하는 것이지 조직도상에서 대표이사 산하인지 또는 임원 산하인지 여부가 판정 요건은 아닙니다. 또한, 전담부서가 대표이사 직속의 부서일 필요가 없는 것처럼 기업부설연구소도 대표이사 산하의 별도 조직으로 구성될 필요는 없을 것으로 판단됩니다.

이번에는 인터넷 검색을 허용하고 펠로의 주제 모음을 다시 가동하겠습니다.

Felo

기업부설연구소 연구원의 인건비가 연구·인력개발비 세액공제를 받기 위해서는 해당 연구원이 속한 조직이 특정 요건을 충족해야 합니다. 이에 대한 세부적인 요건은 다음과 같습니다:
(필자주: 세부 요건의 상세 내용은 지면 관계상 생략합니다.)

1. 연구조직의 독립성 요건

2. 연구조직의 공인 및 유지

3. 연구원의 전담성 요건

4. 세액공제와 관련된 주요 판례 및 예규

- 조심 2017서2707(2017.10.17.): 연구원이 연구개발 업무 외의 부서(예: 영업부, 관리부)에서 근무한 경우, 해당 인건비는 세액공제 대상에서 제외된다는 판례가 있습니다. 이는 연구소의 독립성과 연구원의 전담성을 강조한 사례입니다[6].
- 조심 2016서3201(2016.10.28.): 연구소가 독립된 조직으로 존재하지 않거나 연구원이 겸직한 경우, 세액공제가 부인될 수 있음을 명확히 한 사례입니다[6].

결론

기업부설연구소가 세액공제를 받기 위해서는 연구소가 대표이사 산하의 독립된 조직으로 존재해야 하며, 생산이나 영업 담당 임원의 하부조직으로 편제될 경우 독립성이 인정되지 않아 세액공제가 부인될 가능성이 높습니다. 따라서 연구소의 조직 구조와 연구원의 전담성을 철저히 관리하는 것이 중요합니다.

인터넷 검색을 허용할 경우 연구소가 대표이사 산하의 독립된 조직으로 존재해야 한다는 결론이 도출됐습니다. 하지만, 그 근거는 제시하지 않았습니다. 인터넷 검색을 불허한 경우와는 결론이 상반됩니다.

퍼플렉시티의 조특법 기본서 상담 봇을 사용하여 인터넷 옵션을 켠 경우와 끈 경우를 비교해 보았습니다. 특이하게도 펠로의 경우와 동일했습니다. 인터넷 검색을 허용한 경우에는 기업부설연구소

가 대표이사 직속의 독립된 구조를 가질 것을 추천하였고, 검색을
불허한 경우에는 직속 조직일 필요가 없다는 결론을 내렸습니다.
결론만을 제시합니다.

 Perplexity - 인터넷 검색 허용

결론적으로, 기업부설연구소 연구원의 인건비가 세액공제를 받
기 위해서는 연구소가 회사 내에서 독립적이고 전문적인 조직으
로 운영되어야 하며, 대표이사 직속 또는 독립적인 조직 구조를
가지는 것이 바람직합니다. 생산이나 영업 담당 임원의 하부 조
직으로 존재하는 경우에는 세액공제 요건을 충족하기 어려울 수
있으므로 주의가 필요합니다.

 Perplexity - 인터넷 검색 불허

기업부설연구소 연구원의 인건비가 세액공제를 받기 위해서는
연구소가 반드시 대표이사 직속 조직일 필요는 없습니다. 생산이
나 영업 담당 임원의 하부 조직으로 존재해도 됩니다. 중요한 것
은 연구소가 독립적으로 운영되며, 연구개발 활동에 전념하는 조
직이어야 한다는 점입니다. 이러한 요건을 충족하면서 관련 규정
을 준수한다면 세액공제를 받을 수 있습니다.

외부 인터넷에는 정제되지 못한 데이터가 다수 존재합니다. 신

뢰할 수 있는 데이터베이스를 사용할 수 있는 경우에는 인터넷 옵션을 꺼두셔도 좋습니다.

3. 가끔은 얻어 걸릴 때가 있다 - AI 검색 에이전트

세무 상담에 AI 챗봇을 사용한 초기 시절의 질의입니다. 이때는 맞춤형 AI 챗봇을 사용하기 전입니다.

 **Prompt**

문의드리고자 하는 사항은 법령 제75조 제3항에 관한 사항입니다.

회사는 부동산집합투자기구로 「자본시장과 금융투자업에 관한 법률」 제230조에 따른 환매금지형집합투자기구이며 같은 법 시행령 제242조 제2항에 따른 시장성 없는 자산(부동산)을 소유하고 있습니다.

회사는 1기(2018)와 2기(2019)에 집합투자재산에 대한 별도의 평가 방법을 신고하지 아니하였으며 시가법으로 평가하였습니다.

그러던 중 3기에 주주가 변경되면서 2020.9.30. 집합투자재산에 대한 평가 방법을 시가법에서 원가법(총평균법)으로 신고하고 3기(2020)부터 원가법으로 평가하고 있습니다.

질문 사항은 집합투자재산에 대한 평가 방법의 변경신고가 가능한지입니다.

법령 제75조 제2항을 살펴보면 평가 방법을 변경할 수 있는 것은 주식등과 채권에 한합니다.

따라서, 법령 제75조 제3항 단서가 회사는 시가법을 적용하다 법인세 신고 시 원가법을 신고하면 그 이후 원가법으로 평가할 수 있다고 해석될 수 있는지, 아니면 최초 선택하여 신고하지 않으면 원칙적으로 시가법으로 계속 평가하여야 하는지입니다.

질의에서 제시한 관련 법령입니다.

> **관련 법령**
>
> 법인세법 시행령 제75조【유가증권 등의 평가】
> ① 제73조 제2호 가목 및 나목에 따른 유가증권의 평가는 다음 각 호의 방법 중 법인이 납세지관할세무서장에게 신고한 방법에 의한다. (2011.3.31. 개정)
> 1. 개별법(채권의 경우에 한한다)
> 2. 총평균법
> 3. 이동평균법
> 4. 삭 제(2009.2.4.)
> ② 제74조 제3항 내지 제6항의 규정은 제73조 제2호 가목 및 나목에 따른 유가증권의 평가에 관하여 이를 준용한다. 이 경우 제74조 제4항 중 "선입선출법"은 "총평균법"으로, 동조 제6항 중 "재고자산평가조정명세서"는 "유가증권평가조정명세서"로 본다. (2011.3.31. 개정)

③ 투자회사 등이 보유한 제73조 제2호 다목의 자산은 시가법에 따라 평가한다. 다만, 「자본시장과 금융투자업에 관한 법률」 제230조에 따른 환매금지형집합투자기구가 보유한 같은 법 시행령 제242조 제2항에 따른 시장성 없는 자산은 제1항 각 호의 어느 하나에 해당하는 방법 또는 시가법 중 해당 환매금지형집합투자기구가 법 제60조에 따른 신고와 함께 납세지 관할 세무서장에게 신고한 방법에 따라 평가하되, 그 방법을 이후 사업연도에 계속 적용하여야 한다. (2011.3.31. 단서신설)

법인세법 시행령 제74조【재고자산의 평가】

③ 법인이 제1항의 규정에 의한 재고자산의 평가방법을 신고하고자 하는 때에는 다음 각호의 기한 내에 기획재정부령이 정하는 재고자산 등 평가방법신고(변경신고)서를 납세지관할세무서장에게 제출(국세정보통신망에 의한 제출을 포함한다)하여야 한다. 이 경우 저가법을 신고하는 경우에는 시가와 비교되는 원가법을 함께 신고하여야 한다. (2004.3.17. 개정; 2008.2.29. 직제개정)

1. 신설법인과 새로 수익사업을 개시한 비영리내국법인은 당해 법인의 설립일 또는 수익사업개시일이 속하는 사업연도의 법인세과세표준의 신고기한

2. 제1호의 신고를 한 법인으로서 그 평가방법을 변경하고자 하는 법인은 변경할 평가방법을 적용하고자 하는 사업연도의 종료일 이전 3월이 되는 날

④ 법인이 다음 각 호의 어느 하나에 해당하는 경우에는 납세지 관할세무서장이 선입선출법(매매를 목적으로 소유하는 부동산의 경우에는 개별법으로 한다)에 의하여 재고자산을 평가한다. 다만, 제2호 또는 제3호에 해당하는 경우로서 신고한 평가방법에 의하여 평가한 가액이 선입선출법(매매를 목적으로 소유하는 부동산의 경우에는 개별법으로 한다)에 의하여 평가한 가액보다 큰 경우에는 신고한 평가방법에 의한다. (2014.2.21. 개정)

1. 제3항 제1호의 규정에 의한 기한 내에 재고자산의 평가방법을 신고하지 아니한 경우
2. 신고한 평가방법 외의 방법으로 평가한 경우
3. 제3항 제2호의 규정에 의한 기한 내에 재고자산의 평가방법변경신고를 하지 아니하고 그 방법을 변경한 경우

⑥ 법인이 재고자산의 평가방법을 신고하지 아니하여 제4항에 따른 평가방법을 적용받는 경우에 그 평가방법을 변경하려면 변경할 평가방법을 적용하려는 사업연도의 종료일 전 3개월이 되는 날까지 변경신고를 하여야 한다. (2013.2.15. 신설)

투자회사등이 보유한 펀드의 재산은 시가법에 따라 평가하는 것이 원칙이지만, 환매금지형펀드가 보유한 시장성 없는 자산은 개별법, 총평균법, 이동평균법 또는 시가법 중 해당 펀드가 법인세 과세표준 신고와 함께 신고한 방법에 따라 평가하되, 계속 적용의

의무를 부담합니다(법령 §75 ③).

이때 환매금지형펀드가 최초 신고를 하지 않는 경우 평가 방법이 강제되는지(법령 §74 ④)와 강제된 평가 방법을 변경신고할 수 있는지(같은 조 ⑥)가 쟁점입니다.

법인세법 시행령 제75조 2항(이하 "쟁점규정")에 따르면 주식 등과 채권(법령 §73 1호, 2호)에만 재고자산 평가 방법의 변경신고 규정(§74 ③, ⑤, ⑥)과 무신고 등의 평가 방법의 강제 규정(같은 조 ④)을 적용합니다. 동 쟁점규정을 환매금지형펀드에 유추적용할 수 있는지 여부에 따라 결론이 달라집니다.

문리적 해석에 따르면 쟁점규정은 유가증권 중에서 주식 등과 채권에만 적용되며, 환매금지형펀드가 보유한 시장성 없는 자산에는 적용될 수 없습니다.

합리적 해석을 시도하기 위해 해당 규정의 입법 취지를 먼저 살펴봅니다. 투자회사등이 보유한 펀드재산은 매일의 환매 등에 대비하여 회계상의 이익과 세무상의 이익을 일치시키기 위하여 시가법에 따라 평가합니다. 하지만, 환매금지형펀드가 보유한 시장성 없는 자산은 실제 환매 등이 없으므로 시가법을 포함한 원가법(총평균법, 이동평균법 등) 중에서 선택할 수 있도록 합니다.

이러한 환매금지형펀드에 재고자산 평가방법의 변경신고 규정 등을 적용한다면 엄격한 집행이 될 것이고, 별도의 방법에 따른다면 해당 펀드의 특성에 맞는 완화된 집행이 가능합니다. 따라서, 쟁점규정의 준용 여부는 법 운용상의 문제라 볼 수 있습니다.

퍼플렉시티의 프로 검색을 사용한 결과, 원가법으로 변경 신고한 것은 적법하며 그 이후부터 원가법을 적용할 수 있다는 답변을 받았지만, 만족할 만한 근거를 제시하지 않았습니다. 쟁점 규정이 동 펀드에 대한 특별한 규정이기 때문에 가능하다는 정도로 근거를 제시했습니다. 결론만을 발췌해 게시합니다.

Perplexity

이러한 상황에서, <u>귀사는 3기(2020)부터 원가법을 적용할 수 있습니다. 법령 제75조제3항 단서는 환매금지형집합투자기구에 대해 특별한 규정을 두고 있으며, 이는 최초 선택 이후에도 평가방법 변경이 가능함을 의미합니다[1].</u>

따라서, 귀사가 3기(2020)에 원가법으로 평가방법을 변경 신고한 것은 적법하며, 그 이후부터 원가법을 적용하여 평가할 수 있습니다. 다만, 변경된 평가방법은 향후 사업연도에 계속 적용해야 합니다[1].

만족스러운 답변이 아니어서 추가적인 검색을 더 진행합니다. 챗GPT-4o 모델을 선택하여 인터넷 검색 옵션을 활성화하였습니다.

ChatGPT-4o

귀하의 질문은 부동산집합투자기구가 보유한 집합투자재산의 평가방법을 시가법에서 원가법으로 변경할 수 있는지에 대한 것입니다. 관련 법령과 해석을 종합하여 답변드리겠습니다.

1. 법인세법 시행령 제75조 제3항의 내용

법인세법 시행령 제75조 제3항은 환매금지형집합투자기구가 보유한 시장성 없는 자산의 평가에 대해 규정하고 있습니다. 해당 조항에 따르면, 이러한 자산은 시가법 또는 원가법 중 법인이 납세지 관할 세무서장에게 신고한 방법에 따라 평가합니다. 또한, 같은 항의 단서에서는 "최초로 신고하는 경우"에 한해 평가방법을 선택할 수 있음을 명시하고 있습니다.

2. 평가방법 변경의 가능성

귀하의 회사는 2018년과 2019년에 별도의 평가방법을 신고하지 않아 시가법을 적용하였고, 2020년 9월 30일에 원가법으로 평가방법을 신고하셨습니다. 이러한 상황에서 평가방법 변경이 가능한지에 대한 판단은 "최초로 신고하는 경우"의 해석에 달려 있습니다.

3. 국세청의 유권해석

국세청은 2020년 11월 23일자 서면-2020-법령해석법인-2521호에서, 환매금지형집합투자기구가 별도의 평가방법 신고 없이 시가법을 적용한 경우 이후 사업연도에 평가방법을 최초로 신고하여 원가법으로 변경할 수 있다고 해석하였습니다. 이는 이전에 신고 없이 시가법을 적용하였더라도, 이후에 평가방법을 신고함으로써 원가법으로 변경하는 것이 가능하다는 의미입니다.

4. 결론

따라서 귀하의 회사가 2020년 9월 30일에 집합투자재산의 평가방법을 시가법에서 원가법으로 신고하셨다면, 이는 법인세법 시행령 제75조 제3항 단서에 따른 "최초로 신고하는 경우"에 해당하여, 2020년 사업연도부터 원가법을 적용하실 수 있을 것으로 판단됩니다. 다만, 구체적인 상황에 따라 다를 수 있으므로, 정확한 적용을 위해 관할 세무서나 세무 전문가와의 상담을 권장드립니다.

챗GPT의 기본 검색엔진은 마이크로소프트의 빙(Bing)을 주로 사용합니다. 그래서인지 서치GPT에 대한 개인적인 신뢰도는 그렇게 높지 않습니다. 그럼에도 불구하고 다른 AI 검색 에이전트에서 찾아주지 못한 예규를 한 번에 찾아주었습니다. 하나의 AI 검색 에이전트에만 의존하기보다는 복수를 사용할 필요성이 있습니다.

답변에서 제시된 예규를 예규 검색 봇으로 질의한 결과입니다. 챗GPT의 프로젝트 기능을 사용하였습니다. 질문은 앞서의 AI 검색 에이전트의 질문과 동일하게 입력했습니다.

GPT 4o - Project

다음은 귀 질의에 적합한 유사 유권해석 사례입니다.
[Split_11.pdf]

["사건번호"] 서면법령법인-2521, 2020.11.23
["질의"]
환매금지형집합투자기구의 집합투자재산 평가와 관련하여 2019사업연도에 평가방법 신고 없이 시가법을 적용한 후 평가방법의 최초 신고를 통하여 2020사업연도에 원가법으로 변경이 가능한지 여부
["회신"]
「자본시장과 금융투자업에 관한 법률」 제230조에 따른 환매금지형집합투자기구가 2019년 사업연도에 별도의 평가방법 신고 없이 시가법을 적용한 경우라도, 2020년 사업연도에 법인세 신고 시 「법인세법 시행령」 제75조제3항 단서에 따라 관할 세무서장에게 평가방법을 최초로 신고함으로써 원가법으로 변경할 수 있으며, 이 경우 직전 사업연도에 시가법에 따라 평가한 자산가액을 기초가액으로 하여 원가법을 적용할 수 있음.
이 유권해석은 귀 질의의 사실관계(1·2기 평가방법 미신고, 3기에 주주 변경 후 원가법으로 평가방법 신고)와 유사하며, 법인세법 시행령 제75조제3항 단서에 따라 최초 신고를 통한 평가방법 변경이 가능함을 명확히 하고 있습니다.

따라서 회사는 법인세 신고 시 원가법을 최초 신고함으로써 평가방법을 변경할 수 있으며, 이후 과세연도부터는 원가법을 적용하는 것이 타당합니다. 이는 귀 질의에서 "시가법을 적용하다 법인세신고시 원가법을 신고하면 그 이후 원가법으로 평가할 수 있는지"라는 질문에 대해 긍정적 회신으로 해석될 수 있습니다.

동 예규에서는 쟁점규정을 환매금지형펀드의 시장성 없는 자산에 준용하는 것을 부정하고, 자체 규정의 합리적 해석에 따르도록 했습니다. 무신고 등의 경우 평가 방법을 강제하는 규정이 적용되지 않으므로, 당초 신고 내용은 유효한 것으로 해석했습니다. 또한, 무신고인 상태에서 최초로 신고하는 경우도 시가법과 원가법 중에서 선택할 수 있도록 완화하였습니다.

동 예규의 결론은, 쟁점규정을 환매금지형펀드의 시장성 없는 자산에 준용하도록 하는 명시적 규정이 없다는 점에서 문리적 해석에도 부합합니다. 그리고, 납세자에게 높은 선택의 자유를 부여한 쟁점규정의 취지를 고려하건대, 동 자산에 대해 시가법과 원가법 중 다양한 평가 방법에서 선택하도록 하여 엄격한 재고자산의 평가 방법을 유추적용하지 않는 것이 타당해 보입니다.

투자회사등이 보유한 펀드재산은 오로지 시가법에 따라 평가하므로 쟁점규정이 동 펀드 재산에 준용되지 않는 해석과도 균형을 맞춘 해석입니다.

참고로, 추론 모델인 오픈AI o1 pro mode를 구동시켰습니다. 2분 동안 생각 시간을 가졌습니다. 지면 관계상 결론만 적습니다.

 추론 모델 o1 pro mode

4. 결론 및 실무적 시사점

1. 부동산에 대한 최초 신고 누락 → 시가법 적용이 계속 원칙

회사가 1기(2018), 2기(2019) 법인세 신고 시에 부동산 평가방법을 "원가법"으로 따로 신고하지 않았고, 사실상 "시가법"을 적용해 왔다면,

이는 "평가방법 미신고"로 보아, 법령상 기본평가방법(시가법)으로 적용되고 그 이후에도 계속 시가법을 적용해야 하는 것으로 보는 것이 일반적입니다.

2. 3기에 뒤늦게 '원가법'(총평균법)으로 신고한 경우 유효성

법인세법령 제75조제2항, 제3항 등의 규정을 종합하면, 부동산은 주식·채권과 달리 평가방법 변경이 일반적으로 인정되지 않습니다. 따라서 3기에 주주 변경이 있었다 하더라도, '시가법 → 원가법'으로 변경 신고한 것이 유효하게 인정되기는 어려울 가능성이 높습니다. 실제로 과세당국에서는 "부동산은 재고자산 중에서도 일반 자산에 해당하므로, 최초 신고가 없던 경우 '시가법'이 적용되며, 별도 규정이 없는 한 이를 변경할 수 없음"이라는 입장을 유지해 왔습니다.

3. 실무적 대응

회사 입장에서는 3기부터 원가법으로 신고를 시도했더라도, 추후 세무조사나 경정과정에서 과세당국이 이를 부인하고 계속 시가법을 적용할 가능성이 큽니다.

부동산집합투자기구가 향후 부동산 관련 양도소득, 배당가능이익 계산 등에서 평가방법에 따라 세부담에 큰 영향을 받을 수 있으므로,

이미 시가법으로 정착되었다고 보는 것이 안전하며, 만약 변경 여지를 주장하려면 별도의 유권해석(사전 질의) 등을 통해 과세당국의 명확한 답변을 받아야 합니다.

추론 모델은 부동산 평가 방법 미신고 시에는 기본 평가 방법인 시가법이 적용되고, 과세관청은 이때 평가 방법의 변경을 불허한다고 결론을 내렸습니다. 유권해석에 대해 환각 현상에 빠졌습니다. o1 pro mode는 인터넷 검색을 허용하지 않으므로, 외부 데이터의 부족에 기인한 것으로 보입니다. 외부 인터넷 검색을 허용하지 않는 오픈AI의 o1 또는 o1 pro mode를 사용할 때는 특히나 환각 현상을 주의하여야 합니다.

부동산의 기본 평가 방법으로 시가법이 적용된다는 명제도 부정확합니다. 시가법은 부동산의 평가 방법 중 원가법과 함께 선택할 수 있는 평가 방법의 하나이므로 무신고 시 반드시 적용되어야 한다는 법적 근거는 없습니다.

4. 내부 데이터가 부정확하면 답변도 틀린다
- 불복 이유서 작성 봇

불복 이유서 작성 봇의 사례입니다. 과세관청의 답변서와 회사의 항변서가 쟁점에서 다소 벗어난 경우입니다.

사실관계부터 먼저 살펴봅니다.

회사가 20X1.05.01. 설립하여 20X2.07.01. 연구개발유형의 벤처기업으로 확인 받은 후 20X4.07.31.부터는 벤처투자유형으로 재확인 받았습니다. 회사는 결손 등을 원인으로 창업중소기업 등에 한 세액감면(이하 "쟁점감면")을 신청하지 않던 중, 20X6년 및 20X7년 귀속 법인세에 대하여 쟁점감면을 신청하여 감면받았습니다.

❘ 벤처기업 인증 연혁 등 ❘

일 자	확인유형 등	대상 사업연도	비 고
20X1.05.01.	설립일		
20X2.07.01.	연구개발유형	20X2년, 20X3년	설립일로부터 3년 이내
20X4.07.31.	벤처투자유형	20X4년, 20X5년	설립일로부터 3년 경과
20X6.07.31.	벤처투자유형	20X6년, 20X7년	

과세관청은 연구개발유형에 해당하는 20X2년과 20X3년에 대해서 연구개발비가 당해 사업연도 수입금액의 5%이어야 한다는 요건(이하 "5% R&D 요건")을 충족하지 못하므로 쟁점감면을 부인하였습니다.

이에 더 나아가 설령 연구개발유형으로서 쟁점감면이 인정되더라도 벤처투자유형이 적용된 20X4년 이후에도 당초 신청한 연구개발유형의 5% R&D 요건을 충족해야 한다고 주장합니다.

과세관청의 답변서에서 제시된 주장은 다음과 같습니다.

① 감면 요건 판단 기준일은 감면소득 발생시점(예, 20X6년과 20X7년)이 아닌 '벤처기업으로 확인 받은 날(예, 20X2년, 20X3년)인데, 20X3년까지 5% R&D 요건을 충족하지 못했음.

② 회사 측 주장대로 감면받는 과세기간(20X3년)을 기준으로 감면요건 충족 여부를 판단한다면 소득이 발생하는 시점에 따라 감면 여부가 달라짐.

③ 사전-2018-법령해석법인-0178 유권해석(이하 "쟁점유권해석")은 청구법인과 사정이 동일함.

사전-2018-법령해석법인-0178(2018.04.27.)

위 세법해석 사전답변 신청의 사실관계와 같이 「조세특례제한법」 제6조 제2항 및 같은 법 시행령 제5조 제4항에 따른 창업벤처중소기업에 대한 세액감면을 적용함에 있어 당해 세액감면 대상에 해당하지 않는 「벤처기업육성에 관한 특별조치법」 (이하 "벤처기업특별조치법"이라 함) 제2조의 2 제1항 제2호 나목에 해당하는 중소기업이 창업 후 3년 이내 벤처기업특별조치법 제25조에 따라 벤처기업으로 확인 받은 후 창업 후 3년 경과하여 다시 벤처기업특별조치법 제2조의 2 제1항 제2호 나목 이외의 중소기업으로서 벤처기업으로 확인 받은 경우에는 창업벤처중소기업 세액감면을 적용할 수 없는 것임.

회사의 항변서상 기술된 주장입니다.

① 벤처투자유형으로 20X3년 쟁점감면의 실질적인 요건을 모두 충족하였으나, 벤처기업협회에서 절차상 사유로 확인서 갱신 시점에 행정 절차를 완료할 수 있었음.

② 쟁점유권해석은 청구법인의 사정과 동일하지 않음. 그 사실관계는 창업한 지 3년이 경과한 이후, 기술평가보증기업에 해당하여 해당 유형으로 벤처기업 유형을 다시 받은 사례임.

필자가 회사와의 질의응답과 추가적인 문서 검토를 통해 파악한 주요 쟁점은 첫째, 20X2년과 20X3년에 회사가 연구개발유형의 5% R&D 요건을 준수했는지 여부, 둘째, 20X4년 이후에도 5% R&D 요건을 계속 준수하여야 하는지 여부, 마지막으로 회사와 유사한 사실관계를 갖춘 것으로 보이는 쟁점유권해석이 회사의 사례에 적용될 수 있는지 여부입니다.

필자가 파악한 사안의 주요 쟁점을 기준으로, 과세관청의 답변서 및 회사의 항변서상 주장과 비교해 보겠습니다.

| 쟁점의 비교 |

필자의 쟁점	과세관청의 답변서	회사의 항변서
연구개발유형 기간 동안 5% R&D 요건 준수 여부	요건 불충족	벤처투자유형으로 실질적 요건 준수
벤처투자유형 기간 동안 5% R&D 요건 준용 여부	(간접적으로 준용 가능하다고 주장)	위와 동일
유사 유권해석의 판단	회사에 적용 가능	회사에 적용 불가

필자의 의견을 정리해 보겠습니다. 결론은 쟁점감면의 적용 가능성이 높다입니다.

첫 번째, 5% R&D 요건의 충족 여부에 대해서는 회사의 주장이 타당합니다. 한국산업진흥협회에서 발급된 20X2년과 20X3년의 기업부설연구소 연구개발 인력현황을 받아 본 결과, 그 인원은 8명에서 9명 사이로 연구소와 관련하여 일체의 인건비가 발생하지 않았다는 과세관청의 주장은 받아들이기 힘듭니다. 과세관청은 연구소 인건비에 대한 실지조사 없이 과세관청에 신고된 세무조정계산서만을 근거로 인건비를 계산한 것으로 추정됩니다. 당시 세무조정계산서에는 결손을 이유로 쟁점감면을 신청하지 않았으므로, 연구소 인건비에 대한 자료가 기재되지 않았습니다.

두 번째, 조세특례제한법상 연구개발유형과 벤처투자유형의 요건은 독립적으로 규정되어 있습니다. 따라서, 연구개발유형 감면 종료 후 벤처투자유형으로 전환된 경우, 연구개발유형에 규정되어 있는 5% R&D 요건을 전환 후에는 유지할 필요가 없다고 판단됩니다.

세 번째, 쟁점유권해석은 조세특례제한법이 아닌 벤처기업법상 연구개발기업에 대한 해석으로, 본 건과 사실관계가 다릅니다. 쟁점유권해석의 주체는 "당해 세액감면 대상에 해당하지 않는 벤처기업에 해당하는 중소기업"입니다. 즉, 벤처기업법상의 연구개발기업에는 해당하지만, 조특법상 쟁점감면의 연구개발유형에는 해당하지 않는 기업입니다.

벤처기업법상 연구개발기업과 조특법상 연구개발유형은 다수의 유권해석에도 이를 구분하고 있습니다.

● 벤처확인기간이 만료되었으나 다른 유형으로 벤처 확인 받
은 경우(조특법상 연구개발기업에 대한 유권해석)
창업벤처중소기업 세액감면(조특령 §5 ④ 2호)의 적용을 받는
벤처기업이 연구개발기업으로서의 벤처확인기간이 만료되는
경우 연구개발비 지출여부에 관계없이 만료일이 속하는 사업
연도부터 감면을 적용받을 수 없는 것이나, 잔존감면기간 중
다른 유형인 기술평가기업으로 벤처기업 확인을 받는 경우에
는 그 사유가 발생한 날이 속하는 사업연도부터 잔존감면기
간 동안 창업중소기업에 대한 세액감면을 받을 수 있는 것임
(서면법인-1741, 2019.9.19.)

● 창업 후 벤처기업법상 연구개발기업으로 확인 받은 경우(벤
처기업법상 연구개발기업에 대한 유권해석)
세액감면대상에 해당하지 않는 연구개발기업(벤처기업법 §2의
2 ① 2호 나목)에 해당하는 중소기업이 창업 후 3년 이내 벤처
기업특별조치법 제25조에 따라 벤처기업으로 확인 받은 후,
창업 후 3년 경과하여 다시 연구개발기업 이외의 중소기업으
로서 벤처기업으로 확인 받은 경우에는 창업벤처중소기업 세
액감면을 적용할 수 없는 것임(사전법령법인-0178, 2018.4.27.)

이제 세무 이슈에 대한 분석은 끝났습니다. 과세관청의 답변서
와 회사의 이유서를 채팅창에 파일로 첨부하고 불복 이유서 작성

봇을 작동하겠습니다. 퍼플렉시티의 공간에서 심층 연구 기능을 사용하였으며, 검색 범위는 '이 파일'과 '웹'으로 지정하였습니다. 지시문은 184페이지를 참고하시기 바랍니다.

Prompt

채팅창에 첨부된 문서를 분석하여 심판청구 이유서를 작성해 줘.

Perplexity

심판청구 이유서

1. 청구취지
XX세무서장이 20xx년 x월 x일 회사에 대하여 한 20xx년~20xx년 사업연도 법인세 x원의 부과처분을 취소한다는 결정을 구합니다.

2. 청구이유
가. 처분개요
(필자주: 회사 정보가 포함되어 생략합니다. 단, AI 챗봇은 해당 사항을 모두 적정히 기재했습니다.)

나. 쟁점
청구법인이 창업벤처중소기업에 대한 세액감면 대상에 해당하는지 여부

다. 청구인 주장

1) 쟁점감면의 요건 충족 여부에 대한 판단

쟁점감면을 적용받기 위해서는 (1) 벤처기업법 제2조 제1항에 따른 벤처기업 중 (2) 벤처기업법 제2조의2 요건을 충족한 중소기업(같은 조 제1항 제2호 나목에 따른 중소기업은 제외), 또는 조특법 시행령 별표 6의 비용이 당해연도의 수입금액에 100분의 5 이상인 중소기업으로서 (3) 창업 후 3년 이내에 벤처기업법 제25조에 따라 벤처기업으로 확인 받은 기업, 이 3가지 요건을 모두 충족해야 합니다. 청구법인은 이 요건을 모두 충족하고 있습니다.

관련 법령에 따르면 창업 후 3년 이내에 벤처기업 확인을 받았는지 여부에 따라 (3) 요건 충족여부가 결정되고, 세액감면을 적용받는 시점에 (1) 및 (2) 요건을 충족했는지 여부를 판단하여 세액감면 여부가 결정됩니다. 청구법인은 세액감면을 적용받을 당시 연구개발유형이 아닌 벤처투자유형 벤처기업에 해당하므로 연구개발비 요건을 충족할 필요가 없습니다.

2) 쟁점 세액감면의 실질적인 요건 충족 여부

청구법인은 20xx년 x월 적격투자기관의 투자를 통해 벤처투자 유형 벤처기업에 해당하게 되었으며, 20xx년 x월에 적격투자기관의 추가 투자를 받은 후, 벤처기업 확인서에 기재된 유형 변경(R&D 유형 → 벤처투자 유형) 및 벤처기업협회 정회원 등록을 동시에 진행하였습니다.

벤처기업협회 정회원 등록은 완료되었으나, 벤처기업 확인서에 기재된 유형은 "벤처기업 확인서 유효기간 중 유형변경이 되지 않는다"는 벤처기업확인기관의 내부 지침에 따라 변경이 이루어지지 않았습니다. 이에 따라 청구법인은 벤처기업 확인서 갱신 시점인 20xx년 x월에 이르러서야 확인서상 유형 변경을 완료할 수 있었습니다.

벤처기업법에 따르면, 벤처투자조합 등 적격투자기관으로부터 일정 비율 이상 투자를 받은 기업은 별도의 추가 인증을 받을 필요 없이 벤처투자 유형 벤처기업에 해당합니다. 따라서 청구법인은 20xx년 x월 이미 벤처기업법에 따른 벤처투자 유형 벤처기업에 해당합니다.

벤처기업법 제25조는 이미 벤처기업법에 해당하는 기업이 그 해당 여부에 관하여 벤처기업확인기관에 확인을 요청하는 절차이지, 벤처기업에 해당하기 위해 필요한 절차가 아닙니다. 더군다나 벤처기업법 제25조는 "벤처기업 해당 여부"를 확인해 주는 절차이지, "특정 유형의 벤처기업에 해당하는지 여부"를 확인해주는 절차가 아닙니다.
정리하면, 청구법인은 창업 후 3년 이내에 벤처투자 유형 벤처기업 요건을 충족하였으며, 해당 시점에 이미 벤처기업법 제25조에 따른 벤처기업 확인을 받은 상태입니다.

다만, 유관 기관의 내부지침 때문에 불가피하게 벤처기업 확인서에 기재된 유형 변경만 벤처기업 확인서 갱신 시점에 완료했을 뿐입니다.

이와 같이 청구법인은 쟁점 세액감면의 실질적인 요건은 모두 충족한 상태에서 불가항력적인 사유로 행정절차(확인서에 기재된 유형 변경)만 확인서 갱신시점에 완료할 수 있었던 것이므로, 청구법인은 20xx년과 20xx년 쟁점 세액감면 요건을 충족한 것으로 보는 것이 세법 및 벤처기업법의 취지에 부합하는 합목적적 해석이라 판단됩니다.

3) 처분청이 인용한 유권해석에 대한 반박
처분청이 인용한 유권해석(사전-2018-법령해석 법인-0178)은 "창업한 지 3년이 경과한 이후, 기술평가보증기업에 해당하여 해당 유형으로 벤처기업 유형을 다시 받은" 사례입니다. 따라서 창업한지 3년이 지나기 전에 벤처투자 유형 벤처기업에 해당하나 불가항력적인 사유로 행정절차만 완료하지 못한 청구법인의 경우에 상기 유권해석을 적용하는 것은 불합리한 것으로 판단됩니다.

라. 관련법령
(필자주: 관련 법령을 모두 기재하였으나, 지면상 생략합니다.)

조세특례제한법 제6조(창업중소기업 등에 대한 세액감면)

조세특례제한법 시행령 제5조(창업중소기업 등에 대한 세액감면)

벤처기업육성에 관한 특별조치법 제2조(정의)

벤처기업육성에 관한 특별조치법 제2조의2(벤처기업의 요건)

벤처기업육성에 관한 특별조치법 제25조(벤처기업의 해당 여부에 대한 확인)

마. 심판결정례 등
조심2021중4019, 2022.05.23
이 결정에서는 "벤처기업 인증과 관련하여 벤처기업의 해당요건과 벤처기업확인서의 발급은 그 법적 성격이 다르다"고 판시하였습니다. 벤처기업 해당요건을 실질적으로 갖추고 있다면 확인서 발급 여부와 관계없이 벤처기업으로 인정해야 한다는 취지입니다.

조심2022서2146, 2022.12.22
이 결정에서는 "실질과세의 원칙에 따라 행정적 절차의 미비로 인한 불이익을 납세자에게 전가하는 것은 부당하다"고 판시하였습니다. 청구법인의 경우 실질적으로 벤처투자 유형 벤처기업 요건을 충족했음에도 불구하고, 확인기관의 내부지침으로 인해 확인서 갱신 전까지 유형 변경이 불가능했던 상황과 유사합니다.

조심2023서1573, 2023.09.15

이 결정에서는 "법령의 취지와 목적을 고려할 때, 형식적인 절차상의 하자보다는 실질적인 요건 충족 여부를 중심으로 판단해야 한다"고 판시하였습니다. 청구법인은 실질적으로 벤처투자 유형 벤처기업 요건을 충족했으나 행정절차상 확인서에 반영되지 못한 것으로, 이 결정의 취지에 부합합니다.

3. 결론

위와 같이 처분청이 청구법인에게 20xx~20xx년 사업연도 법인세 5,557,979,250원을 부과한 처분은 청구법인이 이미 실질적으로 벤처투자 유형 벤처기업 요건을 충족했음에도 단지 행정절차상의 이유로 세액감면을 부인한 것으로 위법하다고 할 것이므로 취소하여 주시기 바랍니다.

과세관청의 답변서와 회사의 항변서만을 내부 데이터로 채팅창에 업로드한 결과, 불복 이유서 작성 봇은 외부 인터넷에서 자료를 검색하거나 새로운 논리를 개발하지 않았습니다. 내부 데이터의 양이 많은 경우 외부 인터넷 검색을 소홀히 하는 것으로 생각됩니다. 봇은 회사의 항변서에서 제기한, 이미 벤처투자유형으로 실질적인 요건을 충족하였다는 논리를 중점적으로 제시하였습니다.

그러나, 벤처투자협회의 확인은, 인가·허가와 같은 법률행위적 행정행위의 한 유형이므로 행정기관의 확인 없이 벤처적격투자기

관의 투자가 있었다는 사실행위만으로 당연히 벤처기업에 해당할
수 없습니다. 청구인 주장에 동의하지 않습니다.

　동일한 방식으로 챗GPT의 심층 리서치를 실행해 보겠습니다.
심층 리서치는 프로젝트에서 선택 불가능하므로 단순 채팅창에서
구동합니다. 7분 동안 생각한 결과입니다.
　나머지 부분은 거의 유사하므로 청구인 주장만을 첨부합니다.

 ChatGPT-심층 리서치

　다. 청구인 주장
　　청구법인은 쟁점 세액감면의 모든 실질적 요건을 충족하였으
　　나 불가피한 행정절차상의 지연으로 인해 형식적 요건 일부를
　　사후에 갖추었을 뿐입니다. 구체적으로, 청구법인은 설립 후 1
　　년 2개월만인 20xx년 7월에 벤처기업 확인을 받아 이미 창업
　　후 3년 이내 벤처기업 확인 요건을 충족하였습니다. 또한 20xx
　　년 1월 및 6월 두 차례에 걸쳐 법령상 적격투자기관으로부터
　　의 투자를 유치함으로써 그 시점에 벤처투자 유형 벤처기업
　　요건을 갖추었습니다.
　　벤처기업육성에 관한 특별조치법(이하 "벤처기업법")에 따르면
　　적격 투자유치만으로 별도의 인정 절차 없이 벤처투자 유형
　　벤처기업에 해당되므로, 청구법인은 20xx년 1월 이미 법률상
　　벤처투자 유형 벤처기업이 되었다고 할 것입니다.

다만 20xx년 발급된 벤처기업 확인서에는 유형이 여전히 R&D로 표시되어 있었고, 이를 벤처투자 유형으로 변경하는 신청을 20xx년 6월에 하였으나 **"확인서 유효기간 중에는 유형변경을 할 수 없다"**는 확인기관의 내부 지침 때문에 즉시 변경되지 못하였습니다.

결국 20xx년 7월 확인서 갱신 시에 비로소 서류상 벤처투자 유형으로 변경이 이루어졌으나, 이 지연은 행정절차상의 한계로 인한 것이지 청구법인이 벤처기업 요건을 상실했기 때문이 아닙니다. 실제로 벤처기업법상 벤처기업 확인 제도는 해당 기업이 벤처기업에 해당하는지 여부를 확인하는 절차일 뿐, 특정 유형의 벤처기업인지 여부를 판단하는 절차가 아니며 확인서에 기재된 유형은 법령상 감면요건과 직접적인 관련이 없는 행정상의 표시에 불과합니다.

따라서 청구법인은 창업 후 3년 이내에 벤처기업으로 확인을 받고, 이후 실질적으로 벤처투자기업으로서의 자격을 유지해 왔으므로 창업벤처중소기업 세액감면 대상 기업에 해당합니다. 그럼에도 처분청이 단지 확인서상 유형 변경이 갱신 시점까지 지연되었다는 사유만으로 세액감면을 배제한 것은 조세특례제한법과 벤처기업 관련 법령의 취지에 어긋나며 부당합니다. 아울러 국세기본법 제14조 제2항의 실질과세 원칙에 비춰 보더라도, 형식보다 실질을 우선하여 청구법인의 실질적 벤처기업 해당 사실을 인정해야 합니다.

심층 리서치도 외부 인터넷 검색을 수행하면서 8개의 외부 사이트를 방문하고 7분간 생각을 했지만, 벤처투자유형으로서 실질적으로 자격을 유지했다는 논리만을 주장하였습니다.

주어진 내부 데이터의 양이 많은 경우에는 외부 검색을 해도 치유되지 않는 것으로 보입니다.

5. AI는 실질 과세를 좋아한다 - 시행사 수익인식

앞서 본 불복 이유서 작성 봇에서 회사는 벤처투자유형으로 실질적인 벤처기업 요건을 충족하였다고 주장하였으며, 퍼플렉시티와 챗GPT의 리서치 에이전트는 이 논리를 채용하여 답변을 제출하였습니다.

이에 실질 과세를 주장하는 다른 사안에서도 AI 챗봇이 유사하게 작동하는지를 살펴보겠습니다.

지방에 있는 시행사가 분양수익을 진행률로 인식해 오다가 올해 4월에 아파트가 준공이 되었는데 지방 아파트 경기가 워낙 안 좋아서 잔금을 청산하지 않고 있는 세대가 매우 많습니다. 시행사에서는 계약해제 요건이 되지 않아 계약해제는 안 된다고 하고 잔금 청산을 하지 않고 있는 수분양자들에게 소유권 이전도 안 되는데 이런 잔금 미청산 세대에 대해서는 준공일이 속하는 사업

연도에 직전 연도까지 인식한 분양수익을 취소하고 시행사의 재고자산으로 인식할 수 있는 것인지 알고 싶습니다.

법인46012-450, 2000.02.16.에는 분양수익과 분양원가는 분양계약이 체결된 분에 대해서는 진행률로 계산한다. 다만, 미분양분에 대해서는 예약매출에 해당되지 아니하므로 상품 등의 자산의 양도손익의 귀속시기에 따라 대금청산일 소유권이전등기일 인도일 사용수익일 중 빠른 날에 손익을 인식한다고 되어 있습니다.

미분양분은 아니지만 수분양자들이 준공 시점 이후에도 잔금 청산도 하지 않고 소유권 이전도 되지 않고 입주도 되지 않는 상황에서는 그 목적물인 아파트가 인도가 되지 않는 상황이라 해당 세대는 시행사의 재고로 잡고 분양수익을 차감해야 하는 것이 법인세법상 맞지 않나 해서 질문드립니다.

쟁점은 잔금 미청산 세대에 대해서 미분양분과 동일하게 일반적인 상품 등의 자산의 양도손익의 귀속시기에 따라 인식할 수 있는지 여부입니다.

다음은 관련 법령과 질의에서 언급된 유권해석입니다.

법인46012-450, 2000.02.16.

법인세법시행령 제69조 제2항(필자주: 현재는 1항)의 규정에 의한 공사진행기준방법에 의한 손익의 인식은 계약기간이 1년 이상인 건설 등의 경우 예약매출에 의한 계약금액에 대한 공사진행기준에 의해 적용하는 것으로

주택신축판매업을 영위하는 법인의 분양계약이 이루어지지 않은 분에 대하여는 같은 규정을 적용하지 아니하는 것임.

법인세법 시행령 제69조【용역제공 등에 의한 손익의 귀속사업연도】

① 법 제40조 제1항 및 제2항을 적용함에 있어서 건설·제조 기타 용역(도급공사 및 예약매출을 포함하며, 이하 이 조에서 "건설 등"이라 한다)의 제공으로 인한 익금과 손금은 그 목적물의 건설등의 착수일이 속하는 사업연도부터 그 목적물의 인도일(용역제공의 경우에는 그 제공을 완료한 날을 말한다. 이하 이 조에서 같다)이 속하는 사업연도까지 기획재정부령으로 정하는 바에 따라 그 목적물의 건설등을 완료한 정도(이하 이 조에서 "작업진행률"이라 한다)를 기준으로 하여 계산한 수익과 비용을 각각 해당 사업연도의 익금과 손금에 산입한다. 다만, 다음 각 호의 어느 하나에 해당하는 경우에는 그 목적물의 인도일이 속하는 사업연도의 익금과 손금에 산입할 수 있다. (2013.2.15. 개정)

1. 중소기업인 법인이 수행하는 계약기간이 1년 미만인 건설 등의 경우 (2012.2.2. 신설)

2. 기업회계기준에 따라 그 목적물의 인도일이 속하는 사업연도의 수익과 비용으로 계상한 경우 (2012.2.2. 신설)

법인세법 시행령 제68조【자산의 판매손익 등의 귀속사업연도】

① 법 제40조 제1항 및 제2항을 적용할 때 자산의 양도 등으로 인한 익금 및 손금의 귀속사업연도는 다음 각 호의 날이 속하는 사업연도로 한다. (2017.2.3. 개정)

3. 상품 등 외의 자산의 양도: 그 대금을 청산한 날[「한국은행법」에 따른 한국은행이 취득하여 보유중인 외화증권 등 외화표시자산을 양도하고 외화로 받은 대금(이하 이 호에서 "외화대금"이라 한다)으로서 원화로 전환하지 아니한 그 취득원금에 상당하는 금액의 환율변동분은 한국은행이 정하는 방식에 따라 해당 외화대금을 매각하여 원화로 전환한 날]. 다만, 대금을 청산하기 전에 소유권 등의 이전등기(등록을 포함한다)를 하거나 당해 자산을 인도하거나 상대방이 당해 자산을 사용수익하는 경우에는 그 이전등기일(등록일을 포함한다)·인도일 또는 사용수익일 중 빠른 날로 한다. (2007.2.28. 개정)

시행사가 분양에 따른 손익을 인식하는 경우, 분양 목적물의 완공일 전에 분양 계약을 체결한 부분은 예약매출에 해당합니다. 총

분양예정가액에 분양계약률과 작업진행률을 곱하여 진행기준에 따라 분양수익을 계산합니다(법령 §69 ①). 그러나, 미분양분은 예약매출에 해당하지 않으며, 일반적인 상품 등 외의 자산의 판매 귀속시기에 따라 대금청산일·소유권 이전등기일·인도일·사용수익일 중 빠른 날에 인식합니다(법령 §68 ① 3호).

질의자는 분양을 하고 계약금을 납부하였으나 더 이상 계약이 진척되고 있지 않은 상황에서 그 실질이 미분양과 유사하다고 보아 동일한 세법적 취급이 가능한지를 문의합니다. 질의자의 상황을 검토해 보자면, 잔금도 청산하지 않았고, 이전 등기도 이루어지지 않았으며, 인도나 사용수익도 없으므로 상품 등 외의 자산의 판매 손익의 귀속시기 규정을 적용하면 손익 인식 대상에 해당하지 않습니다. 따라서, 종전까지 인식한 분양수익을 취소하고, 다시 재고자산으로 인식하는 결과가 발생합니다.

결론부터 말씀 드리자면 실질과세를 적용하여 분양수익을 취소할 수 없다고 판단됩니다. 잔금 미청산 세대에서는 계약 자체가 유효하게 존재하지만, 미분양 세대에는 계약이 없기 때문에 잔금 미청산 세대를 미분양 세대와 동일하게 볼 수 없습니다.

여기서 실질과세의 원칙에 대해서 이론적으로 접근해 보겠습니다.

실질과세의 원칙이란 세법을 적용함에 있어서 어떤 거래나 행위의 법률적 방식 내지 효과와 당사자 의도한 경제적 효과나 실질이 다른 경우에 그 경제적 효과나 실질에 따라 과세하는 원칙입니다. 대법원은 그 적용 범위를 절충설에 따르는데, 납세자가 선택한 거래 형식이 '가장행위'에 해당하여 법적 효과가 없는 경우에만 그 배후에 있는 법적 효과가 있는 실질에 따라 과세되어야 한다는 것이 원칙입니다(법 형식 기준). 다만, 예외적으로 사업상 목적이나 경제적 이유 없이 '조세회피의 목적'으로 취한 거래나 행위에 대해서만 그 형식을 부인하고 경제적 효과에 따라 과세합니다(경제적 효과 기준).

따라서, 실질과세 원칙은 가장행위 또는 조세회피의 목적이라는 매우 엄격한 기준에 따라 좁은 범위 내에서만 적용될 수 있습니다. 일반적으로 과세관청이 실질과세의 적용을 주장하지만, 납세자가 주장하는 경우에는 자신이 택한 법적 형식에 따른 과세 효과를 부정하는 것은 허용되지 않습니다.[12]

질의자의 사례에 적용해 보면 가장행위나 조세회피의 목적은 없으며, 또한 자신이 택한 법적 형식(분양계약)과는 다른 과세 효과를 주장할 수 없습니다.

이제 질의에 대한 답변을 마치고, AI 챗봇의 응답을 검토하겠습니다. 채팅창에는 당초 질의자의 질문을 입력했습니다.

퍼플렉시티의 장점(Pro) 검색의 답변입니다.

🤖 Perplexity - 장점 검색

해당 상황에서 잔금을 청산하지 않고 소유권 이전 및 입주가 이루어지지 않은 세대에 대한 법인세법상 처리는 다음과 같이 판단됩니다:

분양수익 인식의 취소 및 재고자산 처리 가능성

1. 준공 이후 잔금 미청산 세대의 처리

잔금을 청산하지 않고 소유권 이전 및 입주가 이루어지지 않은 세대에 대해서는, 법인세법상 수익인식 요건이 충족되지 않았다고 볼 수 있습니다. 따라서 이러한 세대에 대해서는 준공일이 속하는 사업연도에 직전 연도까지 인식한 분양수익을 취소하고 시행사의 재고자산으로 인식하는 것이 타당할 것으로 판단됩니다[1][2].

2. 법적 근거

법인세법 시행령 제68조 제1항 제3호에 따르면, 재고자산 이외의 자산의 양도로 인한 수익은 대금청산일, 소유권이전등기일, 인도일 또는 사용수익일 중 빠른 날에 귀속됩니다[3]. 본 사례에서는 이러한 조건들이 충족되지 않았으므로, 수익 인식 요건이 충족되지 않았다고 볼 수 있습니다.

재고자산 처리의 타당성

1. 미인도 상태의 법적 해석

준공 이후에도 잔금청산, 소유권 이전, 입주가 이루어지지 않은 상황은 실질적으로 해당 아파트가 인도되지 않은 상태로 볼 수 있습니다. 따라서 이러한 세대는 여전히 시행사의 재고자산으로 간주될 수 있습니다[4].

2. 수익 인식의 취소

직전 연도까지 진행기준에 따라 인식한 분양수익은 실제로 수익 실현 조건이 충족되지 않았으므로, 이를 취소하고 재고자산으로 환원하는 것이 적절합니다[5].

주의사항

1. 계약 해제 여부

시행사에서 계약해제 요건이 되지 않아 계약해제를 하지 않는다고 하더라도, 법인세법상 수익 인식 기준에 따라 처리할 수 있습니다. 계약의 법적 상태와 세무상 처리는 별개로 볼 수 있습니다[6].

2. 향후 잔금 청산 시 처리

재고자산으로 환원한 후, 추후 잔금이 청산되고 소유권이 이전되는 시점에 다시 수익으로 인식해야 합니다[7].

결론적으로, 준공 이후에도 잔금 청산 및 소유권 이전이 이루어지지 않은 세대에 대해서는 직전 연도까지 인식한 분양수익을 취소하고 시행사의 재고자산으로 인식하는 것이 법인세법상 타당한 처리 방법이라고 판단됩니다. 이는 수익 인식의 요건이 충족되지 않았다는 점과 실질적으로 해당 아파트가 아직 시행사의 재고로 남아있다는 점을 고려한 것입니다.

퍼플렉시티의 답변은 실질을 고려하여 수익 인식의 요건이 충족되지 않았으므로, 시행사가 재고자산으로 인식할 수 있다는 답변을 출력하였습니다. 오답입니다.

이번에는 퍼플렉시티의 세무 상담 봇을 심층 연구 기능으로 구동시킵니다. 지면 관계상 쟁점과 결론만 적습니다.

Perplexity - 심층 연구

준공 후 잔금 미청산 세대에 대한 세법상 처리 방안에 대하여 검토한 결과를 다음과 같이 보고드립니다.

쟁점
시행사가 아파트 분양수익을 작업진행률로 인식해 오다가 준공 이후에도 잔금을 청산하지 않고 소유권 이전 및 입주가 이루어지지 않은 세대에 대해, 준공일이 속하는 사업연도에 기존에 인식한 분양수익을 취소하고 시행사의 재고자산으로 재인식할 수 있는지 여부

결론적 의견
질의사례의 경우 다음과 같은 방안을 검토할 수 있습니다:
법적 계약해제 절차 진행: 준공 후 상당기간 잔금을 청산하지 않는 세대에 대해 법적 절차를 통한 계약해제를 진행하는 것이 가장 명확한 방법입니다. 계약해제가 되면 해제일이 속하는 사업연도에 관련 수익과 비용을 조정할 수 있습니다.

재고자산으로 인식: 준공 후 일정기간(예: 입주지정기간 종료 후) 이상 잔금 미청산 상태가 지속되어 소유권 이전이나 사용수익이 이루어지지 않은 세대에 대해서는, 실질적으로 판매가 완료되지 않았다고 보아 해당 세대분의 진행률 기준 분양수익을 취소하고 재고자산으로 인식하는 것을 고려할 수 있습니다.

과세관청과 사전협의: 이러한 특수한 상황에 대해서는 과세관청과의 사전 협의를 통해 처리방안을 결정하는 것이 추후 세무조사 시 불필요한 분쟁을 방지할 수 있습니다.

실무적으로는 입주지정기간 종료 후 장기간 잔금 미납 상태가 지속되는 경우, 분양계약서상의 조항에 따라 계약해제 절차를 진행하고 이를 근거로 분양수익을 취소하고 재고자산으로 인식하는 것이 세법상 가장 명확한 처리방법이라고 판단됩니다.

심층 연구는 쟁점을 정확하게 파악했지만, 결론적으로 계약 절차를 해제하고 분양수익을 취소하라고 답변합니다. 쟁점에서 벗어난 답변입니다. 쟁점은 계약 해제 없이 분양수익의 취소가 가능한지입니다.

오픈AI의 추론 모델인 o1 pro mode입니다. 1분 26초 동안 이성 처리를 완료하였다는 메시지가 뜹니다. 지면 관계상 결론만 기재합니다.

정리하면,

- "잔금미청산 + 미입주 + 소유권미이전" 상태만으로는 곧바로 "미분양"으로 보고 수익을 취소할 수는 없습니다.
- 실질적으로 계약이 '해제'되거나 '무효'로 확정되지 않는 이상, 이미 진행률로 인식된 분양수익을 되돌려 세법상 재고자산으로 계상하기는 어렵습니다.
- 다만, 향후 해당 계약이 해제되어 법률관계가 소급적으로 소멸된다면, 그 시점에 분양수익 취소 및 재고자산 환원 처리가 가능하다는 점을 유의하시기 바랍니다.

　　잔금 미청산이 미분양에 해당할 수 없다는 점을 명확히 답변하였습니다. 외부 인터넷 검색이 필요 없는 사안에서는 심층 리서치보다 o1 pro mode와 같은 고급 추론 모델이 더 정확한 답변을 제공하는 경우가 있습니다.

6. 심층 리서치는 박사 초년급? - 판례 평석 작성 봇

　　세무 영역에서 높은 난도를 가진 업무 중 하나는 조세불복입니다. 가장 보수가 높은 업무이기도 합니다. 학술적인 분야로 한정한다면 기획재정부 예규심사위원회 심사 업무와 판례 평석을 작성하는 업무가 높은 난이도를 가진 업무로 생각됩니다.

따라서, 판례 평석 작성에는 챗GPT의 심층 리서치가 최적입니다. 심층 리서치는 프로젝트에서 사용할 수 없으므로 일반 채팅창에서 프롬프트를 일괄 기재합니다. 지금부터 다룰 사례의 주제는 퇴직연금보험료의 연구·인력개발비 세액공제 대상 여부입니다. 과거 필자가 판례 평석을 작성한 사례입니다.[13] #지시문 이하는 188페이지를 참조하세요.

Prompt

다음 판결, 특히 지방법원판결의 내용에 집중하여 판례 평석을 작성해 줘. 주제는 퇴직연금보험료의 연구·인력개발비 세액공제 대상 여부에 한정합니다. 판결은 채팅창에 첨부했습니다.
수원지방법원 2019년 2월 18일 선고납세자 일부패소 2018구합 66525 판결
수원고등법원 2019년 11월 27일 선고 납세자 일부패소 2019누 10197 판결
대 법 원 2020년 4월 9일 선고 납세자 일부패소 2019두62352 판결

판결에는 쟁점이 하나 이상 존재하는 경우가 많으므로, 판례 평석의 주제로 삼고자 하는 프롬프트에서 하나의 주제로 한정합니다. 그리고, 3심을 모두 거친 경우에는 해당 판결 등의 사건번호를 기재하고 판결문 전체를 채팅창에 파일로 첨부합니다. 대부분의

경우 AI 챗봇이 대상 판결을 검색해 주지만, 혹시나 모를 오류 등을 방지하기 위한 목적입니다.

심층 리서치는 AI 챗봇이 요청 사항 몇 가지를 제시하고, 사용자가 이에 답변하면 본격적 연구에 들어갑니다. 참고로, 심층 리서치가 사용자에게 확인 사항을 질문할 때는 채팅창의 프롬프트는 읽지만, 첨부한 파일은 읽지 않은 상태에서 질문합니다.

 ChatGPT-심층 리서치

좋습니다. 요청하신 판례평석을 작성하기 위해 몇 가지를 확인드리고 싶습니다:

작성 대상은 수원지방법원 판결을 중심으로 하되, 고등법원 및 대법원 판결도 비교하여 분석해야 할까요?

글의 분량 또는 목표 학술지나 발표 대상이 있다면 알려주세요 (예: 세법전문학술지용, 실무 교육자료용 등).

실무 적용 관점, 이론적 논의 중심, 입법적 제언 등 중 어떤 관점을 우선할지 알려주세요.

확인 후 바로 작성에 들어가겠습니다.

 Prompt

1. 네.
2. A4 용지 3~5페이지 분량으로 작성해 줘.
3. 실무 적용 관점과 이론적 논의를 중심으로 해주세요.

리서치는 8분간 이루어졌습니다.

ChatGPT-심층 리서치

1. 쟁점

퇴직연금 보험료(확정기여형 퇴직연금제도에 따라 사용자가 납부하는 부담금)가 조세특례제한법상 연구·인력개발비 세액공제의 대상이 되는 "인건비"에 해당하는지가 문제된다. 구 조세특례제한법 제10조 제1항은 기업이 각 사업연도에 연구 및 인력개발을 위해 지출한 비용(대통령령이 정하는 것)을 법인세에서 일정 비율 공제해주는 R&D 세액공제를 규정하고 있다.

여기서 세액공제 대상 인건비의 범위를 대통령령에 위임하고 있는데, 시행령 [별표 6]은 연구·인력개발비에서 제외되는 인건비로 퇴직소득(소득세법 제22조에 따른 퇴직으로 인해 받는 소득)과 퇴직급여충당금(소득세법 제29조 및 법인세법 제33조에 따른 퇴직금 충당금)을 명시하고 있다.

한편 확정기여형 퇴직연금에 대한 사용자의 납입금은 근로자의 퇴직 시 수령하게 될 퇴직급여를 미리 적립해두는 성격이 있으므로, 이를 위 시행령상의 "퇴직소득에 해당하는 금액"으로 보아 세액공제 대상에서 제외해야 하는지, 아니면 근로 제공에 따른 당해연도 인건비로 보아 공제해주어야 하는지가 쟁점이다. 이는 기업의 연구인력 보상 형태(퇴직금 vs 퇴직연금)에 따라 세액공제 혜택이 달라질 수 있다는 점에서 법적 해석의 일관성과 형평성, 실무적으로 기업의 세액공제 범위 및 정책적 R&D 지원 범위에 영향을 미치는 중요한 쟁점이다.

2. 사실관계

원고 법인은 소프트웨어 개발·판매 등을 목적으로 한 기업으로 2002년에 기업부설연구소 지정을 받아 연구소를 운영해왔다. 원고는 2012사업연도부터 2016사업연도까지 기업부설연구소 전담 연구원들에게 확정기여형 퇴직연금제도에 따라 매월 퇴직연금 보험료(사용자 부담분)를 납부하였다. 해당 기간 동안 연구소 연구원들에 대해 지급된 퇴직연금보험료 총액은 약 47억 원에 이르렀다. 원고는 당초 각 사업연도 법인세 신고 시 이러한 퇴직연금보험료를 연구·인력개발비 세액공제 대상 인건비에 포함하지 않았으나, 2017년 10월 경정청구를 통해 2012~2016년도의 퇴직연금보험료를 공제대상에 포함하여 세액공제액을 증액해 줄 것을 요청하였다.

이에 대해 과세관청(피고)은 "퇴직연금보험료는 소득세법상 퇴직소득에 해당하여 연구·인력개발비에서 제외되고, 해당 연도의 연구개발에 직접 대응하는 비용으로 보기 어렵다"는 이유로 2017.12.5.자로 경정청구를 거부하였다. 원고는 국세심판원 심판청구를 거쳤으나 2018.5.8. 기각되자 행정소송을 제기하였다. 1심인 수원지방법원은 2019.2.18. 일부 원고 승소 판결을 하였고, 양측 모두 불복하여 2심 수원고등법원으로 항소하였다. 수원고법은 2019.11.27. 원심을 유지하는 판결을 내렸고, 원고와 피고 쌍방은 상고하였다. 대법원은 2020.4.9. 상고를 모두 기각하여 고등법원 판결이 확정되었다.

3. 심리 및 판단

가. 수원지방법원 2019.2.18. 선고 2018구합66525 판결 (1심) -

수원지법은 우선 일부 경정청구가 부적법하다는 피고의 주장을 받아들여, 원고가 청구한 2012사업연도 이월공제세액 부분(약 3억9457만원) 및 2013~2016사업연도분 경정청구 부분을 각하하였다. 이는 경정청구로 환급을 구할 수 없는 이월세액 증가분에 대한 청구는 행정소송 대상이 아니라는 이유에서다.

한편 본안 쟁점인 2012사업연도 퇴직연금보험료에 대한 세액공제 거부처분(환급 거부)의 적법성에 관해 판단하면서, 퇴직연금보험료가 조특법상 세액공제 대상 인건비에 해당하는지 여부를 심리하였다. 수원지법은 퇴직연금보험료가 연구·인력개발비 세액공제 대상 인건비에 해당한다고 판단하여, 2012사업연도 법인세 경정거부처분 중 환급청구 부분(약 1억7961만원)을 취소하였다.

그 판단 요지를 보면 다음과 같다:

① 연구인력 해당성: 원고 연구소의 직원들은 조특법상 세액공제 요건을 갖춘 전담부서 연구원들이므로, 이들에게 지급되는 보수는 원칙적으로 연구·인력개발비 세액공제 대상 인건비에 해당한다. 원고가 확정기여형 퇴직연금제도에 따라 연구소 근무 여부를 기준으로 납부한 퇴직연금보험료는 각 사업연도별로 지출된 비용이며, 그 금액은 납부와 동시에 각 연구원 개인에게 귀속되는 것이다. 따라서 해당 보험료는 실제 연구원들에게 지급된 인건비의 일종으로 볼 수 있다.

② 직접 대응성: 이 사건 퇴직연금보험료는 해당 과세연도의 연구개발 활동에 직접적으로 대응하는 비용이다. 매월 납부되어 당해연도 비용으로 계상되고 구체적 인건비로 귀속되는 퇴직연금보험료는, 장래 퇴직시에 일시 지급할 퇴직금을 예상 계산하여 적립해 두는 퇴직급여충당금과는 그 성격을 달리한다. 충당금은 단지 합리적 추산에 따른 회계상 설정액일 뿐 실제 지출이 아니지만, 확정기여형 퇴직연금보험료는 그때그때 실제로 지출되어 연구원들에게 제공되는 실질적 비용이다. 그러므로 기간손익의 대응 개념상 이를 당해연도 연구개발비로 보는 것이 타당하다.

③ 퇴직소득 해당성: 확정기여형 퇴직연금보험료는 소득세법 제22조의 퇴직소득에 해당하지 않는다. 퇴직소득은 "퇴직으로 인하여 받는 소득"을 말하는데, 이 사건 보험료는 현실적인 퇴직이나 퇴직을 원인으로 지급된 금원이 아니기 때문이다. 해당 보험료는 근로자가 퇴직하기 전에 이미 지급·확정되어 근로 기간 중에 근로자에게 귀속된 금전이다. 비록 연구원이 추후 퇴직 후에 그것을 연금 또는 일시금으로 수령할 선택권이 있을 뿐이며, 납부 시점에는 아직 퇴직소득으로 볼 수 없다. 연금 형태로 수령하면 연금소득으로 과세되고, 일시금 선택 시 비로소 그 때 퇴직소득으로 과세될 뿐. 따라서 납부 시점의 퇴직연금보험료 자체를 두고 "소득세법상 퇴직소득에 해당하는 금액"이라고 볼 수 없으므로, 이를 세액공제 대상 인건비에서 제외한 과세처분은 잘못이다.

以上의 이유로 1심 법원은 퇴직연금보험료를 세액공제 대
상에서 제외한 처분이 위법하다고 판단하고, 경정거부처분
중 환급청구 부분을 취소하였다. 판결문에서도 2017년 대
법원 판결(대법원 2017.5.30. 선고 2016두63200 판결)을 인용
하며 이와 같은 해석을 뒷받침하였다.

나. 수원고등법원 2019.11.27. 선고 2019누10197 판결 (2심) ― 2
심에서는 원고와 피고 모두 항소하여, 1심의 판단 중 자신들
에게 불리한 부분을 다투었다. 원고는 각하된 2012년 이월공
제액 및 2013~2016년분에 대한 세액공제도 인정되어야 한
다고 주장했고, 피고는 2012년 환급 부분마저 공제대상이 아
니라고 다투었다. 수원고법은 1심 판단을 대부분 유지하여,
쌍방 항소를 모두 기각하였다. 즉, 퇴직연금보험료의 세액공
제대상 인정 여부에 관한 1심의 법리판단을 수용하여 피고의
항소를 기각하는 한편, 경정청구의 법적 한계로 1심에서 각
하된 부분은 그대로 각하하였다. 고등법원 판결문은 구체적
이유를 상세히 적시하지 않고 "원심판결 및 상고이유를 모두
살펴보아도 특별항소이유가 없으므로 항소를 기각한다"고 판
단한 것으로 알려져 있다. 결국 2심에서도 퇴직연금보험료는
세액공제 대상 인건비에 해당한다는 1심의 결론이 유지되어,
원고는 2012년분 환급세액을 돌려받을 권리를 인정받았다.

다. 대법원 2020.4.9. 선고 2019두62352 판결 (상고심) ― 피고와
원고는 다시 상고하였으나, 대법원은 쌍방 상고를 모두 기각
하였다. 대법원은 "상고이유에 관한 주장이 상고심절차에 관
한 특례법 소정의 사유를 포함하지 않거나 이유 없다"고 판

단하여, 더 이상 판단할 실체적 쟁점이 없음을 밝히고 상고를 기각한 것이다. 이로써 고등법원의 판결이 확정되었다. 비록 대법원 판결은 특별한 판시사항을 남기지는 않았지만, 이는 하급심의 판단 − 즉 퇴직연금보험료를 세액공제 대상 인건비로 본 해석 − 에 법리적 하자가 없음을 대법원이 인정한 것으로 해석된다. 결국 2012~2016 사업연도 당시 법령하에서는 퇴직연금보험료도 연구·인력개발비 세액공제 대상 인건비에 포함된다는 것이 확정된 판결의 결론이다.

4. 관련규정 (판결 인용 법령 원문)

조세특례제한법 제10조 제1항 (연구·인력개발비에 대한 세액공제):

(필자주: 이하 조문 규정 생략)

조세특례제한법 시행령 제8조 제1항 [별표 6] (연구 및 인력개발을 위한 비용의 범위): 법 제10조 제1항 본문에서 "대통령령으로 정하는 비용"이라 함은 별표 6의 비용을 말한다. 별표 6 제1호 (인건비) 가목에서 정하기를: "다만, 다음 각 목의 인건비는 제외한다. 가. 「소득세법」 제22조에 따른 퇴직소득에 해당하는 금액. 나. 「소득세법」 제29조 및 「법인세법」 제33조에 따른 퇴직급여충당금."

(※ 2019.2.12. 대통령령 제29527호 개정 이전까지는 가목, 나목에 퇴직연금 부담금이 언급되지 않았다가, 이 개정으로 가목에 "법인세법 시행령 제44조의2 제2항에 따른 퇴직연금 등의 부담금 및 소득세법 시행령 제40조의2 제1항 제2호에 따른 퇴직연금계좌 납입 부담금"이 추가되었다. 이는 2019년 이후 기간에 적용된다.)

소득세법 제22조 (퇴직소득):

(필자주: 이하 조문 규정 생략)

근로자퇴직급여 보장법 제2조, 제13조:

(필자주: 이하 조문 규정 생략)

5. 검토

가. 쟁점의 정리 및 의의

법적 측면: 이 사안은 조세특례제한법상의 세액공제 대상 "인건비"의 범위 해석에 관한 문제로서, 법령 간 연결된 개념(인건비 ↔ 퇴직소득)의 정확한 의미를 따지는 쟁점이다. 구체적으로, 근로 제공의 대가로 사용자가 납부한 퇴직연금보험료가 당해 연도 연구인력에 대한 보상으로서의 인건비인지, 아니면 장래 퇴직 시 지급되는 퇴직급여의 성격으로 보아야 하는지가 핵심이다. 법률과 시행령 체계상 직접 규정이 없던 비용 항목을 어떻게 해석할지에 관한 문제이기도 하다.

실무적 측면: 기업들은 연구인력에 대한 보상을 현금급여 외에 퇴직연금으로도 제공하고 있어, 그 비용이 R&D 세액공제 혜택에 포함되는지는 세 부담과 인센티브에 큰 영향을 준다. 만약 퇴직연금보험료가 공제된다면 기업 입장에서는 연구인력 인건비의 범위가 확대되어 세액공제를 더 받을 수 있고, 특히 확정기여형 퇴직연금을 운용하는 기업들은 추가적인 절세 효과를 보게 된다.

반대로 공제대상이 아니라면 현행 퇴직연금 납부 비용은 일반 인건비와 달리 세액공제 혜택이 없으므로 기업들은 세제혜택 측면에서 손실이 발생한다. 또한 이 쟁점은 퇴직급여 제도 선택에 따른 세제상 형평성 문제로도 연결된다. 일부 기업은 퇴직연금(DC형)을, 일부는 전통적 퇴직금(DB형)을 운영하는데, 두 제도 간에 세액공제 혜택 여부가 달라진다면 제도 선택에 따른 세정상의 유불리가 발생한다. 이는 기업의 제도 선택을 왜곡시키거나, 조세공평 원칙에 어긋날 소지가 있어 실무적으로 중요한 고려사항이다.

정책적 측면: 연구·인력개발비 세액공제의 취지는 기업의 R&D 투자와 인력개발을 촉진하기 위한 조세지원이다. 연구인력에 대한 처우 개선(퇴직연금 제공 등)도 넓게 보면 연구인력 유인책으로서 연구개발 활성화에 기여할 수 있다. 따라서 퇴직연금보험료를 공제 대상에 포함시키는 것은 인력에 대한 투자를 장려하는 측면이 있다. 반면, 세액공제는 정부의 재정지원과 같으므로 그 범위를 어디까지 인정할지 정책 판단이 필요하다. 퇴직연금보험료까지 공제해주는 경우 기업 입장에선 인건비 지원 효과가 커지지만, 정부로서는 조세지출이 증가한다. 또한 전통적 퇴직금(일시금)과 달리 퇴직연금(적립식)만 지원하는 결과가 되어 제도 간 형평성 문제가 제기될 수 있다. 정책입안자는 R&D 세액공제 대상을 결정함에 있어 연구성과와의 직접성, 조세지출 대비 정책효과, 제도 선택에 따른 형평을 모두 고려해야 한다.

이 사안은 이러한 정책적 고려의 경계에 놓인 사례라고 볼 수 있다.

나. 관련 법령 및 기존 판례의 검토

관련 법령 해석: 조세특례제한법 시행령 [별표6]은 연구인력개발비에서 제외되는 인건비로 퇴직소득과 퇴직급여충당금을 규정하고 있다. 퇴직소득은 법률상 퇴직 시 근로자가 받는 소득으로 한정되며, 여기에는 퇴직금이나 퇴직일시금 등이 해당한다. 퇴직급여충당금은 기업회계 및 법인세법상 미래 퇴직금 지급을 대비하여 손금산입을 허용하는 충당금인데, 이는 실제 지출이 아닌 장부상 적립액이므로 당연히 세액공제 대상이 아니다. 문제는 퇴직연금 납입금은 충당금과 달리 실제 지출되고 근로자에게 귀속되는 비용이지만, 정작 근로자는 퇴직 시까지 그 금액을 수령하지 않는다는 점에서 퇴직금 성격도 가진다는 것이다. 법령에 퇴직연금납입금에 대한 명시 규정이 없었던 2012~2016년 당시에는, 이를 퇴직소득의 하나로 볼 것인지 아니면 그냥 인건비로 볼 것인지 해석의 여지가 있었다. 조세특례제한법 기본통칙(국세청 유권해석)은 "명칭 여하를 불문하고 근로의 제공으로 인하여 지급하는 비용"은 인건비로 본다는 입장을 취해왔다. 이 통칙에 따르면 퇴직연금보험료도 결국 근로 제공의 대가이므로 인건비 범위에 들어간다고 볼 수 있다. 다만 통칙은 법적 구속력은 약하므로 최종 판단은 법령 해석에 달려 있었다.

기존 판례: 이 쟁점을 다룬 대표적 판례로 대법원 2017.5.30. 선고 2016두63200 판결이 있다. 해당 사건(일명 골프존 사건)에서 대법원은 "확정기여형 퇴직연금보험료는 연구 및 인력개발에 직접적으로 대응하는 비용으로서 공제대상 인건비에 해당한다"고 명시적으로 판시하였다. 대법원은 퇴직연금 납입액이 각 사업연도에 실제 지출되고 손금산입되는 비용이며, 퇴직소득에 해당하지 않는다고 판단하여 과세관청의 세액공제 불인정 처분을 취소하였다. 이는 앞서 살펴본 수원지법 판결이 인용했던 바로 그 판례이며, 2012~2016년 당시 유사 사안에 대한 선행판례로 기능했다. 한편 이와 대조적으로 퇴직급여충당금은 대법원에서 지속적으로 세액공제 대상이 아니라고 판시되어 왔다(퇴직충당금은 실제 인건비 지출이 아니므로 당연히 제외됨). 유사한 분쟁에서 조세심판원은 한때 과세관청 손을 들어준 사례도 있다. 예를 들어 2020년 심판례에서는 "쟁점 퇴직연금보험료는 근로계약 종료 시 지급하는 퇴직급여 성격이므로 연구개발에 직접 대응하는 비용으로 보기 어렵다"며 세액공제를 부인한 처분이 정당하다고 판단한 바 있다. 다만 이러한 심판례는 2019년 이후 개정된 시행령 규정을 전제로 한 것이어서, 개정 전 법령이 적용된 대법원 판결들의 법리와 배치되지 않는다.

입법 동향: 확정기여형 퇴직연금이 국내에 도입(근로자퇴직급여보장법 개정)된 이후, 조세특례제한법령은 처음에는 이에 대한 세액공제 취급을 명시적으로 규율하지 않았다. 그러다 2012년 시행령 개정으로 퇴직소득 및 퇴직충당금은 제외된다고 규정하였으나 퇴직연금 납입금은 별도 언급이 없었다. 2017년 대법원 판결로 법령 해석이 명확해지자, 기획재정부는 2019.2. 12. 시행령 개정을 통해 퇴직연금보험료도 공제대상 인건비에서 제외하는 조항을 신설하였다. 이 개정은 2019사업연도 이후부터 적용되며, 결과적으로 이후 기간에 대해서는 확정기여형 퇴직연금납입액도 세액공제를 받을 수 없게 되었다. 입법자는 퇴직연금과 퇴직금 간 세제형평을 도모하고, 과세관청 주장처럼 "사용자 선택에 따라 조세혜택이 달라지는 모순"을 시정하기 위한 조치로서 이러한 개정을 단행한 것으로 보인다.

다. 대상 판례의 법리 분석 및 평가

법리의 핵심: 수원지법과 이를 인용·유지한 고등법원, 대법원은 한결같이 퇴직연금보험료의 실질과 법적 성격에 주목하였다. 판결들은 해당 납입금이 매 사업연도 연구활동에 대응하여 발생한 현실적 비용이라는 점을 강조하였다. 이는 법인세법상 손금으로 인정되는 시점(납입시점)에 이미 연구원 개인별로 확정되는 보수라는 의미이다.

또한 엄격한 법 해석상으로도 소득세법상 퇴직소득 정의에 부합하지 않으므로 시행령 [별표6]의 "퇴직소득에 해당하는 금액"에 포함되지 않는다는 논리를 전개했다.

이러한 해석은 조세법률주의와 엄격해석 원칙에 부합하는 측면이 있다: 세액공제와 같은 조세특례규정은 엄격하게 해석되어야 하지만, 그 엄격해석은 납세자에게 불리하게 확장 해석해서는 안 된다는 것이다. 법에 명시되지 않은 비용까지 제한적으로 읽어들일 수 없으며, 시행령 규정 역시 문언대로 "퇴직소득"에 한정되어야 한다는 점에서, 법원이 납세자 친화적 엄격해석을 한 것으로 평가할 수 있다.

논리 구조: 1심 판결은 ①~③의 단계적 논거를 제시하여 퇴직연금보험료의 성격을 규명하였다. 먼저 연구원에 대한 보수라는 점(연구인력 범주 확인) → 그 비용의 회계·세무 처리상 현황(실제 지출 및 손금 인정) → 비용 귀속 및 기간대응 원칙(해당연도 연구활동과 직접적 관련성) → 소득세 과세체계상 퇴직소득 요건 불충족을 차례로 확인함으로써, 결론적으로 공제대상 인건비임을 이끌어냈다. 이러한 논증은 사실과 법리를 아우르며 설득력 있게 구성되었고, 대법원 2017년 판례의 취지를 충실히 반영하였다.

세법 원칙과의 정합성: 판결의 해석은 과세형평 및 실질과세 원칙과도 부합한다. 실질과세 원칙상 (조특법 제1조의2 참고) 과세 여부는 거래의 실질에 따라 판단되어야 하는데, 퇴직연금보험료의 실질은 연구원들에게 제공된 현재의 보상이라는 점을 짚은 것은 타당하다. 또한 동일한 경제적 지출에 대해 조세 지원 여부가 자의적으로 갈리면 안 된다는 형평 원칙 측면에서도, 법원이 당시 법령하에서는 DC형 납입금과 현금급여를 동일하게 다룬 것은 합리적이다.

다만 일각에서는 이로 인해 퇴직급여 지급방식에 따른 불균형이 생긴다는 지적을 하기도 한다. 즉, 확정급여형(DB, 퇴직금 제도)을 선택한 기업은 퇴직금 충당금도 공제 안 되고 실제 퇴직금 지급액도 퇴직소득으로 제외되는데, 확정기여형(DC)을 선택한 기업은 매년 납입금에 대해 공제를 받을 수 있었으므로 세제상 유리했다. 그러나 이는 애초에 법령이 DC 납입금을 배제하지 않은 상태였기에 발생한 현상으로, 법원은 주어진 법령 테두리 내에서 당연히 내려야 할 결론을 내린 것으로 보인다. 특히 2017년 대법원 판례 이후 동일 쟁점에 대해 하급심이 그 법리를 따르는 것은 법적 안정성과 예측가능성 측면에서도 바람직하다.

실무 영향: 대상 판결(대법원 2020두62352 확정)은 해당 기업뿐 아니라 동일 기간에 확정기여형 퇴직연금을 운영한 여타 기업들에도 영향을 미쳤다. 이미 세액공제신청을 하지 않았던 기업들은 이 판결에 힘입어 경정청구를 통해 추가 공제를 받을 근거를 확보하였고, 실제로 일부 기업들이 환급을 받는 사례도 있었다. 다만 과세당국은 이에 대응하여 내부 심사나 감사과정을 통해 기존 환급을 뒤집고 과세하는 등 다소 혼선을 빚기도 했다. 결과적으로 2019년 시행령 개정 전까지의 기간(일반적으로 2018년까지)에 대해서는 납세자가 퇴직연금 납입금을 공제 대상에 포함할 법적 권리를 확인 받은 반면, 2019년 이후로는 법 개정으로 인해 동일한 주장을 할 수 없게 된 상황이다. 전반적으로 본 판결의 법리는 당시 법문과 선행 판례에 충실하고, 세법의 기본 원칙과 부합하여 타당한 것으로 평가된다.

다만 그 정책적 타당성은 별개의 문제인데, 이는 다음에서 살펴볼 입법적 과제로 이어진다.

라. 결론 및 향후 과제

이 판결군(1·2·3심 일련의 판단)은 확정기여형 퇴직연금보험료를 연구·인력개발비 세액공제 대상에 포함시킨 최초 사례들 중 하나로서 의미가 있다. 법원은 세법 해석을 통해 납세자에게 유리한 결론을 도출함으로써, 비교적 새로운 유형의 비용에 대한 해석 기준을 제시하였다.

판례의 타당성은 앞서 분석한 바와 같이 충분히 인정되며, 특히 개정 전 법령 문언에 기속된 사법부가 입법적 흠결을 보충한 합리적 판단으로 볼 수 있다. 그러나 향후 유사 분쟁은 사실상 발생 가능성이 낮다. 왜냐하면 2019년 시행령 개정을 통해 입법자가 논란을 정리하였기 때문이다. 개정된 시행령은 퇴직연금 부담금과 퇴직연금계좌 납입금까지 명시적으로 공제 제외 항목에 추가하여, 확정기여형 납입금에 대한 세액공제 혜택을 배제하였다. 따라서 2019년 이후 과세연도에 대해서는 과세관청도 명확한 규정에 따라 퇴직연금보험료를 세액공제에서 제외하고 있으며, 기업들도 이에 맞춰 신고조정을 하고 있다. 이미 벌어진 과거 연도에 대한 분쟁들은 본 대법원 확정판결의 취지에 따라 종결되었거나, 일부 과세당국의 이견이 있었더라도 결국 납세자 승소로 귀결될 것으로 예상된다.

입법적 제언:

(필자주: 이하 생략)

6. 참고문헌

수원지방법원 2019. 2. 18. 선고 2018구합66525 판결 (퇴직연금 보험료 세액공제 사건 1심)

수원고등법원 2019. 11. 27. 선고 2019누10197 판결 (동 사건 2 심)

대법원 2020. 4. 9. 선고 2019두62352 판결 (동 사건 상고심 확정 판결)

대법원 2017. 5. 30. 선고 2016두63200 판결 (확정기여형 퇴직연금 보험료의 세액공제 해당성에 관한 선행판례)

조세특례제한법 및 동법 시행령 (관련 조문: 조특법 §10, 조특령 §8 및 [별표6])

소득세법 (관련 조문: 소득세법 §22 퇴직소득의 정의)

국세청, 조세특례제한법 기본통칙 10-0··· (연구·인력개발비 세액공 제 대상 인건비 범위 해설)

김성수, 2017, 「연구원에 지급한 퇴직연금보험료의 세액공제 해 당 여부」, 법률신문 (2017.06.19.)

박정우, 2020, 「조특법상 연구·인력개발비의 범위와 퇴직연금보 험료 – 최근 판례평석」, 조세연구 제##_호 (필자 가상) (퇴직연금보 험료 판례에 대한 학술적 논의, 가정).

판례 평석을 검토해 보겠습니다.

'쟁점' 부분에서 납세자, 과세관청 및 법원의 쟁점별 주장을 요약하여 표로 작성해 달라고 요청하였으나, 이는 무시되었습니다. 반면에, 퍼플렉시티의 심층 연구에서 다시 동일한 질문에 대해 판례평석을 작성해 보았을 때는 각 주체별 주장을 표로 잘 요약해 주었습니다. 확률의 문제입니다.

관련 법령 및 기존 판례의 검토에서 조특법 기본통칙에서 "명칭 여하를 불문하고 근로의 제공으로 인하여 지급하는 비용"은 인건비로 본다는 입장이라고 설명하였습니다. 과세관청은 기본통칙에서 인건비를 광의로 보는 견해를 나타냈지만, 이는 다소 선언적인 의미로 실제 과세관청이 동 기본통칙을 운용할 때에는 정책적 필요에 따라 협의로 해석하는 것이 일반적이었습니다.

또한, 조세심판원이 퇴직연금보험료에 대해 세액공제를 부인한 처분이 2019년 이후 개정된 시행령 규정에 따른 사안이라고 하였으나, 오류입니다. 해당 심판례(조심2019부3921, 2020.6.30.)의 심판 선고일자는 2019년 이후이지만 사실관계는 2012~2016년이므로 2019년 개정 이전의 법령이 적용됩니다.

마지막에 제시된 박정우의 논문을 학술 데이터베이스에서 검색하였으나 결과를 찾을 수 없었습니다. 환각 현상으로 추정됩니다.

판례 평석 사례를 검토하니 몇 가지 오류가 보입니다. 판례 평석은 보통 대학교수, 법률가 등이 작성하는데, 심층 리서치는 박사 초년생의 수준으로 평가됩니다. 양자 수준의 괴리에서 발생하는 오류입니다. 심층 리서치로도 커버할 수 없는 영역이 아직 존재합니다.

하지만 만족스러운 사례도 있습니다

앞서 답변이 다소 미흡한 사례를 다루었지만, 만족스러운 판례 평석을 제시하기도 합니다. 다음은 주식매수선택권을 행사하여 신주를 인수하는 경우 행사이익의 시가 산정 기준일을 언제로 볼지에 관한 대법원 판례의 평석입니다. 필자가 작성한 판례 평석 사례입니다.[14]

다음 판결, 특히 대법원판결의 내용에 집중하여 판례 평석을 작성해 줘. 주제는 주식매수선택권의 수입금액의 시가 기준일이 언제인지에 한정합니다. 판결은 채팅창에 첨부했습니다.

수원지방법원 2020년 7월 9일 선고 납세자 전부패소 2019구합66574 판결
수원고등법원 2020년 11월 11일 선고 납세자 전부승소 2020누12687 판결
대 법 원 2021년 6월 10일 선고 납세자 전부패소 2020두55954 판결

3심을 모두 거친 경우이므로 판결 등의 사건번호를 모두 기재하고 3심 판결문 전체를 채팅창에 파일로 첨부합니다. 아래는 AI 챗봇이 챗GPT의 심층 리서치에 앞서 몇 가지 확인한 사항입니다.

확률 모형답게 매번 질문이 달라집니다.

ChatGPT-심층 리서치

제출해주신 판결 내용을 바탕으로 판례평석을 작성하기 위해, 다음 정보를 부탁드립니다.

1. 각 판결문의 전문 또는 요지를 직접 제공해주실 수 있나요? 특히 대법원 2021두55954 판결의 '심리 및 판단' 부분이 필요합니다.
2. 주식매수선택권 행사 당시의 시가와 행사일, 행사 전 부여일, 행사조건 등 기본적인 사실관계를 확인할 수 있는 자료가 있으실까요?
3. 이 판례평석이 필요한 용도(예: 학술 논문, 교육 자료, 세무 실무 참고용 등)를 알려주시면 적절한 깊이와 표현을 조절하는 데 도움이 됩니다.

위 정보들을 알려주시면 바로 판례평석 작성에 들어가겠습니다.

Prompt

1. 채팅창에 '대법원 2020두55954판결'을 파일로 첨부하였습니다.
2. 사실관계는 첨부된 판결을 참조 바랍니다.
3. 학술 논문으로 작성 바랍니다.

다음은 퍼플렉시티 심층 연구의 단계별 활동(Tasks)을 요약한 그림입니다. 필자가 프롬프트 셋에서 요청하였던 대로 단계별 활동이 적절히 이루어졌습니다. 심층 연구가 심층 리서치보다 단계별 활동을 잘 보여주기 때문에 이를 사용합니다(자세한 내용은 200페이지를 참조 바랍니다).

| 심층 연구의 단계별 활동 |

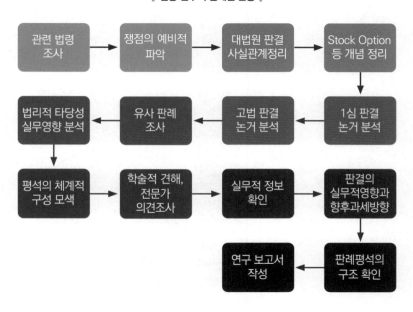

챗GPT의 심층 리서치는 12분간 이루어졌습니다.

1. 쟁점

이 사건의 핵심은 임직원이 부여받은 주식매수선택권을 행사하여 신주를 인수하는 경우, 그로 인한 근로소득(행사이익)의 시가 산정 기준일을 언제로 볼 것인지이다.

구체적으로, 행사이익 계산 시 참고할 주식의 시가를 옵션 행사 당일로 할 것인지, 아니면 특별규정을 적용하여 일정 기간 후의 시가를 고려할 수 있는지가 문제된다. 이를 둘러싸고 납세자와 과세당국의 입장이 대립하였으며, 법원은 엄격한 해석론에 따라 판단을 내렸다. 다음 표는 쟁점별로 당사자들의 주장과 법원의 판단을 비교한 것이다:

주장 주체	시가 기준일에 대한 입장	주요 논거
납세자	옵션 행사 후 1개월 최저가(특례 적용)	주식매수선택권 행사는 경제적 실질상 신주인수권 행사와 동일하므로, 소득세법 시행령 제51조 제6항의 특례를 적용하여 납입일로부터 1개월 이내의 최저 시가를 기준으로 해야 한다. 즉 행사 당일 주가가 아닌, 그 직후 주가 급락으로 형성된 더 낮은 주가를 반영하여야 공평하며, 법령 문언에 없더라도 동일한 경제적 실질을 고려해 특례 규정을 확장 적용할 수 있다는 입장이다.

주장 주체	시가 기준일에 대한 입장	주요 논거
과세관청	옵션 행사일 당시 시가 (특례 적용 배제)	주식매수선택권은 법령상 신주인수권과 별개 개념이므로 시행령 제51조 제6항의 "1개월 내 최저가액" 특례는 적용 불가하다는 입장이다. 해당 특례조항은 문언상 "신주인수권 행사"에 한정되어 있어 주식매수선택권에는 적용되지 않으며, 이를 확대 해석할 법적 근거가 없다는 것이다.
법원 (대법원)	옵션 행사일 당시 시가 (특례 적용 배제)	주식매수선택권은 신주인수권과 개념·권리내용·행사방법이 명확히 구별되므로 양자를 동일시할 수 없다고 보았다. 이에 따라 시행령 제51조 제6항 특례를 주식매수선택권 행사이익에 적용할 수 없으며, 행사 당시(납입일)의 시가로 과세함이 타당하다고 판시하였다. 대법원은 조세법률주의에 따라 명문의 규정 이상으로 특례를 확장 적용할 수 없으며, "행사 당시의 시가"란 곧 신주 인수대금을 납입한 날의 시가를 의미한다고 해석하였다.

2. 사실관계

원고들은 코스닥 상장법인 A사의 임직원으로서, 2012년과 2013년에 회사로부터 일정 수량의 신주를 행사가격으로 인수할 수 있는 주식매수선택권을 부여받았다. 원고들은 2015년 4월 24일 해당 스톡옵션을 전부 행사하여 신주 인수대금(행사가격 총액)을 납입하고 A사의 신주를 교부받았다. 그러나 옵션 행사 직후 A사 주가가 급락하여 2015년 5월 18일에는 행사일 주가의 약 15% 수준까지 하락하였고, 이후 주가는 다시 상승하였다.

원고들은 옵션 행사일(2015.4.24.)의 종가와 행사가격의 차액을 각각 자신의 주식매수선택권 행사이익으로 계산하여 근로소득세를 원천징수 납부하였다. 나아가 원고들은 추후 "행사이익은 납입일로부터 한 달 내 최저가(2015.5.18. 종가)와 행사가격의 차액으로 해야 한다"는 취지로 경정청구를 제기하였으나, 과세관청은 이를 거부하였다. 이에 원고들은 과세관청의 경정청구 거부처분에 불복하여 행정소송을 제기하였다.

3. 심리 및 판단

1심과 2심 법원은 상반된 판단을 내렸다가, 대법원이 최종적으로 원심(2심)을 파기하고 1심과 동일한 법리를 채택하였다.

1심 판결(수원지방법원 2019구합65574, 2020.7.9. 선고):

수원지법은 주식매수선택권의 행사 형태에 신주발행형과 자기주식교부형이 있다는 점에 주목하였다. 만약 납세자 주장대로 특례를 인정하면 신주발행형 옵션에만 유리한 결과가 되고 자기주식교부형과의 과세형평에 어긋나므로, 양 유형 모두 특례규정 적용이 없다는 해석이 논리적으로 타당하다고 보았다. 결국 조세법률주의 원칙상 문언으로 돌아가, 시행령 제51조 제6항의 특례는 주식매수선택권 행사이익에는 적용되지 않는다고 판단하였다. 즉 행사이익은 특례 없이 옵션 행사일의 시가를 기준으로 산정되어야 하며, 원고들의 경정청구 거부는 적법하다고 보았다.

2심 판결(수원고등법원 2020누12687, 2020.11.11. 선고):

수원고법은 1심과 달리, 주식매수선택권의 행사 형태 차별에 대한 문제는 입법적으로 해결될 사항에 불과하다고 보았다. 경제적 실질 면에서 신주인수권 행사와 스톡옵션 행사는 동일하므로 두 경우를 달리 볼 이유가 없다는 것이다. 따라서 원고들의 경우에도 시행령 제51조 제6항의 특례규정이 적용될 수 있다고 판시하였다. 즉 옵션 행사일이 속하는 납입일 이후 1개월 내의 최저 주가를 신주가액으로 보고 그와 행사가액의 차액을 행사이익으로 산정해야 하며, 이를 고려하지 않은 과세처분(경정청구 거부)은 위법이라는 판단이었다.

대법원 판결(2020두55954, 2021.6.10. 선고):

대법원은 2심 판결을 파기하고 사건을 환송하며 1심과 같은 결론에 도달하였다. 대법원은 우선 관련 법령체계를 검토한 뒤, 원고들이 부여받은 주식매수선택권을 행사하여 신주를 인수한 경우라도 구 소득세법 시행령 제51조 제5항 제4호, 제6항을 적용할 수 없다고 명시하였다. 대법원은 "행사이익은 행사일(2015.4.24.) 당시 A사 주식의 시가와 행사가액의 차액을 기초로 계산하여야 한다"고 판시함으로써, 주식매수선택권 행사이익의 과세에는 오로지 옵션 행사일 시가만을 고려해야 함을 밝혔다. 원심(수원고법)이 신주발행형 스톡옵션은 신주인수권과 다름없다며 특례 규정을 적용한 것은 관련 법리를 오해한 잘못이라고 지적하면서, 법령 문언에 없는 혜택을 함부로 유추적용할 수 없음을 강조하였다. 결국 행사 당시의 시가는 주식대금을 납입한 날의 시가로 한정되며, 과세관청이 원고들의 행사이익을 옵션 행사일 주가를 기준으로 산정한 처분은 적법하다고 판결하였다.

4. 관련규정

(쟁점 관련 조세법령은 2015년 당시 시행법령 기준으로 인용한다.)

소득세법 제20조(근로소득): (필자주: 이하 조문 생략)

소득세법 제24조(총수입금액의 계산): (필자주: 이하 조문 생략, 아래 줄친 부분에서 조문의 해석에 대해 직접 기재)

※ 제24조 제1항은 각 소득의 총수입금액을 그 과세기간에 수입 하였거나 수입할 금액의 합계액으로 산정한다고 규정한다.

소득세법 시행령 제38조 제1항 제17호 (구 시행령, 2019.2.12. 개정 전): (필자주: 이하 조문 생략)

※ 위 규정은 근로소득의 범위를 열거한 것으로, 임직원이 근무 관계에서 받은 스톡옵션을 행사하여 얻은 차익은 모두 근로소 득으로 본다는 취지이다. "주식에는 신주인수권을 포함"한다 는 문언으로 보아, 신주인수권 증서 등을 통한 신주 취득 이익 도 근로소득에 포함됨을 확인할 수 있다.

소득세법 시행령 제51조 제5항 제4호 (구 시행령): 제5항 제4호의 규정에 의한 신주가액이 그 납입한 날의 다음 날 이후 1월 내에 하락한 때에는 그 최저가액을 신주가액으로 한다.

즉, 신주인수권 행사로 인수한 주식의 시가가 납입 직후 일정 기 간 안에 급락한 경우, 초기의 높은 가격이 아닌 그 기간 중 가장 낮은 가격을 기준으로 수입금액을 계산하도록 하는 특례이다.

5. 검토

가. 쟁점의 정리

주식매수선택권은 부여 당시에는 과세되지 않다가 임직원이 이를 실제 행사하여 주식을 취득할 때 근로소득이 발생하는 구조를 갖는다. 이 사건의 쟁점은 스톡옵션 행사로 취득한 신주의 가치 평가 기준일에 관한 것으로, 특히 행사 당시 주가와 이후 주가변동을 어떻게 반영할지에 초점이 맞춰졌다. 기존 세법령은 신주인수권의 행사이익에 대해서는 납입일 이후 1개월 내 최저가액을 시가로 보는 특례를 두었으나, 주식매수선택권에 대해서는 명문의 규정을 두지 않았다. 이는 <u>실무상 신주인수권(주주 배정 등)과 주식매수선택권(임직원 부여)을 별개로 취급해온 데서 기인하며, 그 결과 동일한 주식 인수 이익임에도 과세상 달리 취급되는 문제가 발생하였다. 본 판결은 이러한 괴리를 해소할 것인지 여부를 최초로 대법원에서 판단한 사례로서, 조세법률주의와 과세형평의 충돌이라는 측면에서 법적·실무적 의미가 크다. 특히 주가 변동성이 큰 스타트업·벤처기업의 스톡옵션 행사이익 과세에 직접적인 영향을 미칠 수 있어, 업계의 관심을 모은 쟁점이었다.</u>

나. 관련 법령 및 기존 판례의 검토

소득세법은 근로소득의 범위를 정의하면서 임직원이 얻는 경제적 이익을 포괄적으로 포함시키고 있고, 그 구체적인 범위는 시행령에 위임되어 있다.

시행령 제38조 제1항 제17호는 스톡옵션 행사이익이 근로소득에 해당한다는 점을 명문화하고 있으며, 행사이익의 크기는 "행사 당시의 시가와 실제 매수가액의 차액"으로 정하고 있다. 한편 시행령 제51조 제5항 제4호, 제6항은 신주인수권 행사이익의 평가방법을 규정한 조항으로, 통상적인 경우에는 신주 납입일 당시 시가와 발행가액의 차액을 과세하되 납입 직후 주가가 하락한 경우 일정 기간 내 최저가로 평가하도록 하는 특례를 두었다. 이러한 특례는 신주인수권자의 위험부담 경감을 위한 정책적 배려로서, 권리행사와 주식처분 사이에 시차가 존재하여 주가하락 위험을 온전히 권리자에게 부담시키는 것은 불합리하다는 판단에 따른 것이다.

기존에는 주식매수선택권 자체에 관한 시가 평가 특례규정은 없었기 때문에, 과세당국은 옵션 행사이익에 대해 항상 행사일(납입일)의 시가를 적용해 과세하여 왔다. 실무 집행상 일관성은 있었으나, 권리 형태에 따른 차별 문제가 계속 제기되었다. 예컨대 자기주식교부형 스톡옵션의 경우 행사와 동시에 기발행 주식을 취득하므로 시가 변동 위험이 상대적으로 적은 반면, 신주발행형 스톡옵션은 신주 발행을 수반하여 권리 행사와 실제 주식 매각 사이에 시간차가 발생할 수 있다는 점에서 신주인수권과 유사한 위험이 있다. 그럼에도 신주인수권자에게만 시가하락 특례를 인정하고 스톡옵션 행사자에게는 배제하는 것이 타당한가에 대한 의문이 제기되어 왔다.

과거 판례를 보면, 스톡옵션 부여 자체로는 소득이 발생하지 않고 행사시에 비로소 소득이 실현된다는 대법원 판단이 초기부터 확립되어 있다. 대법원 2007.10.25. 선고 2007두5165 판결 등은 "주식매수선택권의 부여만으로는 어떠한 소득도 발생하지 않으며, 그 행사에 의하여 비로소 소득이 발생한다"고 판시하여 과세 시점을 행사일로 명확히 하였다. 다만 그 사건들은 모두 행사이익을 근로소득으로 볼 것인지 여부에 관한 다툼이었고, 행사이익의 평가방법(시가 기준일) 자체가 쟁점이 된 사례는 없었다. 학설상으로도 스톡옵션 행사이익은 근로소득으로 과세한다는 데는 이론이 없었으나, 행사이익 산정시 주가하락을 반영할 필요성에 대해서는 다양한 견해가 있었다. 일부는 "시가하락 특례는 신주인수권에 한정되므로 스톡옵션에는 적용 불가"라는 형식적 해석을 지지한 반면, 다른 일부는 "양자의 경제적 실질이 같다면 동일하게 취급하여야 한다"는 실질과세 또는 형평성 논리를 제기하였다.

다. 대상 판례의 법리 분석 및 평가
<u>대법원은 결국 법령 문언에 따른 엄격해석 원칙을 택하였다.</u> 판결 이유에서 "주식매수선택권은 그 개념 · 권리내용 · 행사방법 등이 신주인수권과 명백히 구별된다"는 점을 들고, 스톡옵션 행사를 신주인수권 행사와 동일시할 수 없음을 분명히 했다. 이는 상법 등 관련 법제상의 차이를 중시한 접근으로 볼 수 있다.

실제로 주식매수선택권은 상법상 이사회 결의로 부여되고 일정 요건 하에 행사되는 권리인 반면, 신주인수권(통상적인 신주인수권증서 등)은 주주가 신주를 인수할 수 있는 권리로서 그 성격과 부여 근거가 다르다. 대법원은 이러한 형식적 구별을 전제로, 소득세법 시행령 제51조 제6항의 "최저가액 특례"는 문언대로 신주인수권에 국한되며 이를 주식매수선택권까지 확장할 수 없다는 법리를 확인하였다. 나아가 조세법률주의상 명문의 규정 없이 유추해석이나 확장해석으로 과세요건을 완화하거나 변경할 수 없다는 원칙을 재확인하였다. 이러한 법리는 조세감면 규정에도 동일하게 적용된다는 것이 대법원의 입장으로, 이 사건에서도 특례조항을 엄격 해석하여 과세이익 산정 방식의 동일성을 유지한 것이다.

대상 판결의 논리는 기존 세법 해석과 정합성을 가진다. 먼저, 스톡옵션 행사이익 과세에 있어서 일관되게 적용되어 온 "행사일 시가 기준"을 대법원도 유지함으로써 행정해석의 안정성을 존중하였다. 또한 입법자체가 신주인수권과 주식매수선택권을 달리 취급해 온 점을 고려하여, 사법부가 함부로 그 간극을 메우는 해석을 삼간 것으로 볼 수 있다. 이는 조세법률주의의 엄격해석 원칙에 충실한 태도로서, 특히 과세상 특례나 혜택 규정은 한정적으로 해석해야 한다는 일관된 판례입장과 부합한다. 반면 이러한 해석은 실질적 형평보다는 형식적 합리를 택한 결과이기도 하다.

앞서 본 바와 같이 신주인수권 행사이익과 스톡옵션 행사이익 모두 근로제공을 전제로 한 미실현이익에 대한 과세라는 공통점이 있고, 주가변동 위험 역시 행사 직후에는 동일하게 존재한다. 그럼에도 법령에 규정이 없다는 이유로 스톡옵션 행사자의 위험을 전적으로 본인이 부담하게 한 것은, 결과적으로 납세자에게 불리한 해석으로 귀결되었다. 대상 판결 직후 실무계에서는 "입법 미비로 인한 형평 문제를 사법부가 지적하지 않은 채 그대로 둔 것 아니냐"는 아쉬움이 제기되었으나, 전반적으로는 명확한 기준을 제시한 점에 대해 긍정적인 평가가 있다. 특히 기업 입장에서는 행사이익 원천징수 및 근로소득 지급명세서 작성 시점에 어떤 주가를 적용해야 하는지가 불명확하면 큰 혼선이 있을 수 있는데, 본 판결로 "행사일(납입일) 당시 시가"로 단일화됨으로써 실무 처리의 예측가능성이 높아진 측면도 있다.

라. 결론 및 향후 과제

대법원 판결은 형식 논리에 충실하여 특례조항의 적용 범위를 엄격히 제한함으로써 법리적으로 타당성을 확보했다. 다만 스톡옵션 행사이익 과세의 형평성 문제는 여전히 남는다. 입법적 개선 없이 이러한 상황을 방치하면, 향후에도 신주발행형 스톡옵션 보유 임직원은 주가 급락으로 실질이익이 감소하더라도 높은 세금을 부담해야 하는 어려움이 지속될 수 있다.

실제로 이 사건 원고들처럼 옵션 행사 직후 주가가 급락하는 사례는 벤처기업 등에 적지 않다. 과세형평과 기업 인센티브 정책 측면에서 본다면, 신주인수권 행사이익과 스톡옵션 행사이익을 달리 볼 합리적 이유는 크지 않다는 지적이 있다. 그러므로 입법자는 주식매수선택권에 대해서도 일정 기간의 주가 변동을 반영할 수 있는 제도적 장치를 검토할 필요가 있다. 예를 들어, 특정 기간 내 주가가 하락한 경우 행사이익을 조정하거나 환급해주는 규정을 신설하는 방안을 생각해볼 수 있다. 한편 2019년 소득세법 시행령 개정을 통해 스톡옵션 관련 규정이 일부 정비되었으므로, 향후 유사 분쟁 발생 시 개정된 법령이 어떻게 적용되는지도 살펴보아야 한다. 현재로서는 본 판결에 따라 스톡옵션 행사이익은 행사 당일 시가 기준으로 과세됨이 명확해졌으므로, 기업과 임직원은 이를 전제로 세금 부담을 예측하고 대응해야 한다. 아울러 입법부는 본 판결이 강조한 조세법률주의 원칙을 존중하면서도, 정책적 형평성을 확보할 수 있는 세법 개정 여부를 검토하여 과세 형평과 조세 정책 목표 사이의 균형을 모색하는 과제가 남아 있다.

6. 참고문헌

대법원 2007. 10. 25. 선고 2007두5165 판결 (주식매수선택권 행사이익의 소득귀속 시기 및 근로소득 해당 여부)
대법원 2021. 6. 10. 선고 2020두55954 판결 (주식매수선택권 행사이익에 대한 시가 산정 기준일 관련 분쟁)

김동훈, 「2021년 소득세제·국제조세 판례회고」, 조세법연구 제28권 제3호 (한국세법학회, 2022) 9-70쪽.

이정렬, 「2021년 소득과세 판례회고」, 조세연구 제22권 제2호 (한국조세연구포럼, 2022) 113-135쪽.

리준엽, 「주식매수선택권을 행사하여 신주를 인수하는 경우에도 구 소득세법 시행령(2019.2.12. 개정 전) 제51조 제6항이 적용되는지 여부(소극)」, 대법원판례해설 128호 (법원도서관, 2022) 80-99쪽.

박인범, 「스톡옵션 행사이익, 소득세법상 신주인수권 최저가액 규정 적용될 수 없어」, 법무법인(유) 광장 판례세미나 (2022년 4월 발표).

프롬프트 셋의 #정보-쟁점에서 요청한 바와 같이 3 당사자의 입장을 표로 잘 정리하였습니다(188페이지를 참조하세요). 다만, 표를 작성할 때 문장으로 서술하기보다는 좀 더 요약 형식으로 제시되었으면 합니다.

AI 챗봇이 제시한 판례 평석에서 소령 제51조 6항의 '1개월 내 최저가액 특례'의 유추 적용 여부를 실무상 쟁점으로 보아 일관되게 논리를 전개한 점은 매우 만족스럽습니다. 필자가 작성한 판례 평석에서는 논거를 ① 문리해석, ② 근로소득의 범위, ③ 권리의무 확정주의로 보아 다소 이론적인 접근에 치우쳤다면, AI 챗봇의 판례 평석은 대법원 판결이 세무 실무에 미치는 영향을 깊게 분석한 점도 뛰어납니다. 다만, 대법원 주장의 근거를 엄격해석 원칙 하나에만 의존하여 설명하여 논거가 다소 부족해 보입니다.

그리고, 참고문헌에서 제시된 4가지 논문 모두 실재하는 것으로 확인되었습니다. 프롬프트의 #제약조건에서 요청한 바와 같이 학술 논문 또는 전문 연구보고서 등 신뢰도가 높고 전문적인 자료를 검색의 대상으로 한 것으로 파악됩니다. 또한, 심층 리서치에서는 본문에 매번 인용 출처가 제시되므로 환각 현상의 위험도 감소하였습니다.

결론적으로, 전문적인 자료만 백업된다면 법률 전문가 수준의 판례 평석도 가능해 보입니다. 검색 가능한 자료의 수준에 따라 판례 평석의 질도 결정될 것으로 생각됩니다.

7. 채팅창의 지시가 설명서보다 우선한다 - 의견서 작성 봇

불복 이유서 작성 봇이나 판례 평석 작성 봇 모두 챗GPT의 심층 리서치를 사용하였습니다. 심층 리서치는 본격 연구를 하기에 앞서 사용자에게 추가 질문을 통하여 쟁점이나 사실관계를 확인하는 작업을 반드시 수행합니다. 반면에, 퍼플렉시티의 심층 연구는 채팅창과 설명서 등에서 제시된 정보만을 근거로 추가 질문 없이 바로 리서치를 시작합니다.

퍼플렉시티를 사용할 때 AI 챗봇이 추가로 질문하도록 프롬프트를 생성하는 방법을 알아보겠습니다.

부가가치세에 관한 질의 사항입니다.

채팅창

회사는 컨텐츠와 이에 부수하는 전용기기(플레이어)의 제공에 따른 진행률을 감사법인의 지적에 따라 기기 위약금을 기준으로 상대적 가치에 따라 인식하기로 함.

종전 K-GAAP에 따른 회계처리에서는 전용기기 제공시 기기의 수익을 별도로 인식하지 않고, 컨텐츠와 동일하게 월정액으로 인식하였으며 그 원가도 월정액으로 인식하였음.

종전에는 부수 제공되는 기기를 부가가치세법상 주된 공급인 컨텐츠의 부수재화로 보아 컨텐츠와 동일하게 면세 재화로 인식하였음.

전용기기를 컨텐츠와는 별도의 수익으로 회계상 인식함에 따라 부가가치세법상 별도의 재화의 공급으로 보아야 하는지, 이 경우 종전과는 달리 과세 재화의 공급으로 봐야 하는지를 질의함.

<u>먼저 질문하고 의견서를 작성해 줘.</u>

맨 하단의 '먼저 질문하고'를 반드시 채팅창에 기재해야 합니다. 퍼플렉시티의 설명서영역에 질문에 관한 프롬프트를 작성해도 채팅창에서 질문을 요청하지 않으면 AI 챗봇은 사용자에게 질문 없이 리서치를 수행하고 답변을 완성합니다. 설명서 영역은 모델이 필요할 때 선택적으로 참조하기 때문인 걸로 생각됩니다(63페이지를 참조하세요). 중요한 요청 사항은 반드시 채팅창에 제시**해야** 합니다.

사례는 초등학생에게 온라인으로 학습 컨텐츠를 제공하면서 아이패드와 유사한 전용기기를 같이 제공하는 경우입니다. 전용기기의 비중은 결합 상품 중 20%에 불과하였으므로 종전에는 부가가치세법상 부수 재화로 취급하였습니다. 학습 컨텐츠는 전자출판물로 보아 면세되는 도서에 해당하였으므로, 부수 재화인 전용기기도 면세로 처리하였습니다.

그러나, IFRS 1115호 수익 기준의 제정에 따라 수행 의무를 분리하여 인식하는 것이 원칙이 되어 컨텐츠와 전용기기를 분리하여 인식하도록 회계처리가 변경되었습니다. 그럼에도 불구하고 부가가치세법에서는 종전의 세법 해석에 따라 부수재화로 보는 방안이 계속적으로 타당하다고 볼 수 있는지가 쟁점입니다. 이러한 논리와 관련성이 높은 유권해석은 아래에서 제시합니다.

● 도서의 부수재화 판정기준(부가가치세과 4601-331, 2001.2.22.)

귀 질의의 경우 사업자가 특수인식코드가 인쇄된 영어학습용 도서를 주된 재화로 하고 당해 도서에 인쇄된 특수인식코드를 인식하여 영어단어, 문장 등 당해 도서의 내용을 재생하여 주는 학습도구를 부수하여 통상 하나의 공급단위로 공급하는 경우에는 부가가치세법 제12조 제1항 제7호 및 동법 동조 제3항의 규정에 의하여 부가가치세가 면제되는 것이나, 면세하는 도서와는 달리 ① 독립적으로 활용이 가능한 학습도구를 함께 판매하는 경우 그 중 ② 어느 재화가 주된 재화이고 어느 재화가 부수재화인지 구분이 어렵고 그 ③ 공급가액이 별도로 구분 표시되어 사실상 별개의 재화의 공급으로 간주될 수 있는 경우에는 각각 구분하여 도서는 동법 제12조 제1항 제7호의 규정에 의하여 부가가치세가 면제되는 것이며, 학습도구는 동법 제6조 제1항의 규정에 의하여 부가가치세가 과세되는 것임.

위 예규에서는 도서와 관련하여 별개 재화의 공급으로 판정할 수 있는 기준을 ①독립적 활용 가능성, ② 주된 재화와 부수재화의 구분이 어려울 것, ③공급가액이 별도 구분 표시될 것으로 제시하였습니다.

이러한 기준은 현재까지 다수의 예규에서 반복적으로 제시되고 있지만, AI 챗봇의 결론을 부수재화 방향으로 확정적으로 유도하기 위해 동 예규를 AI 챗봇에게 제시합니다.

채팅창에서 질문을 먼저 해달라는 요청에 따라 챗봇은 다음과 같이 추가 질문하였습니다. 퍼플렉시티의 심층 연구를 사용하였습니다. 의견서 작성 봇의 프롬프트 셋은 193페이지를 참조 바랍니다.

 Perplexity

안녕하세요, 세무 전문가 김성수입니다. 귀사의 컨텐츠와 전용 기기 제공에 관한 부가가치세 관련 문의를 주셨네요. 정확한 의견서 작성을 위해 몇 가지 추가 정보가 필요합니다.

1. 제공하시는 컨텐츠의 구체적인 성격과 면세 적용 근거는 무엇인가요? (교육용, 도서 등)

2. 전용 기기(플레이어)는 컨텐츠 이용에 필수적인 것인지, 아니면 별도로도 사용 가능한 제품인가요?

3. 기기 위약금은 어떤 상황에서 발생하며, 계약서상 어떻게 규정되어 있나요?

4. 고객과의 계약은 어떻게 구성되어 있나요? (단일 계약인지, 컨텐츠와 기기를 별도로 계약하는지)

5. 현재 매출 규모와 부가가치세 신고 현황에 대해 알려주실 수 있나요?

6. 귀사가 알고 계신 관련 법령이나 유사한 사례가 있으신가요?

이러한 정보를 바탕으로 귀사의 상황에 맞는 정확한 세무 의견서를 작성해 드리겠습니다.

사용자의 추가 답변입니다.

Prompt

1. 컨텐츠는 학습용, 면세 적용 근거는 도서의 부수재화

2. 컨텐츠 이용에 필수적

3. 약정기간보다 고객이 조기에 해약하는 경우

4. 단일 계약

5. 불가능

6. 도서의 부수재화 판정기준(부가가치세과 4601-331, 2001.2.22.)

(필자주: 위 예규의 원문을 제공하였습니다.)

심층 연구가 작성한 의견서입니다. #출력 형식에 따라 4가지 문단으로 나누어 작성된 점은 만족스럽습니다.

경영진에 대한 요약

컨텐츠와 전용 기기(플레이어)의 별도 수익 인식 전환에 따라 부가가치세 과세 여부가 핵심 쟁점입니다. 기존 상품 묶음 공급 시 면세 처리되었으나, 별도 수익 인식으로 인해 전용 기기가 과세 재화로 전환될 위험이 있습니다. 세무 리스크를 관리하기 위해 거래 당사자의 계약 목적, 상품의 필수성, 가격 구분 여부를 종합적으로 검토해야 합니다. 향후 과세 당국과의 사전 협의를 통해 세무적용 안정성을 확보할 것을 권고합니다.

1. 질의 배경

– 회계처리 변경: 기존 K-GAAP 하에서 컨텐츠와 전용 기기를 묶어 월정액으로 수익·원가 인식하였으나, 감사법인의 지적에 따라 전용 기기 위약금을 기준으로 상대적 가치 분할 인식으로 전환함.
– 종전 세무처리: 부가가치세법상 컨텐츠를 주된 재화로, 전용 기기를 부수재화로 판단하여 면세 적용하였음.
– 현재 이슈: 수익 인식 방식 변경에 따라 전용 기기가 별도 재화 공급으로 간주되어 과세 대상 여부가 불확실해짐. 이에 따라 향후 세액 부과 및 신고 조정 필요성 발생.

2. 질의 사항

1. 컨텐츠와 전용 기기를 별도 수익으로 인식할 경우, 부가가치세법상 별도 재화 공급으로 판단되는지 여부
2. 전용 기기가 과세 재화로 전환되는지 여부 및 세무 신고 적용 기준

3. 검토

(1) 법적 근거 및 판례 분석

- 부가가치세법 제14조: 주된 재화 공급에 부수되는 재화는 주된 재화의 과세 여부를 따름. 단, 독립적 사용 가능성·가격 구분·거래 관행이 있으면 별도 공급으로 간주[1][2].
- 대법원 판례(2000두9700): 복합 공급 시 주된 재화는 거래 당사자의 계약 목적을 중심으로 판단[6].
- 국세청 예규(2001.2.22.):
- 부수재화 요건: ① 주된 재화 없이는 기능 불가능 ② 가격이 별도 구분되지 않음[7].
- 위 요건 불충족 시 각 재화를 별도로 과세·면세 적용

(2) 사안 적용

- 전용 기기의 부수성 검토:

구분	컨텐츠	전용 기기
필수성	주된 재화	컨텐츠 이용 필수[답변2]

| 독립적 사용 | 불가능 | 가능 여부 불명확(추가 확인 필요) |
| 가격 구분 | 종전 통합 가격 | 위약금 기준 별도 인식[답변3] |

- 위약금 기준 별도 인식은 가격 구분을 암시하나, 계약서상 단일 계약이라는 점이 복합 공급 가능성 지지[답변4].
- 유사 사례 비교:
- 온라인교재 판례: 학습시스템 제공 용역과 온라인교재 공급이 별개 재화로 판단되어 면세 적용[1].
- 학습도구 예시: 도서와 함께 판매되는 리딩펜은 독립적 기능으로 과세[3].

(3) 결론 및 권고

- 위험 요인: 계약서상 단일 계약이지만, 위약금을 통한 가격 분할이 과세 당국에 의해 별도 공급으로 해석될 가능성 존재.
- 세무 전략:
  1. 계약서 개정: 전용 기기의 부수성 강조(예: "컨텐츠 이용을 위한 필수 기기" 명시).
  2. 가격 정책 조정: 통합 가격 표기 및 위약금을 위약벌 성격으로 변경(별도 대가성 배제).
  3. 사전 협의: 국세청에 복합 공급 여부에 대한 사전 심사 요청을 통한 세무 리스크 사전 방지.

※ 위 검토는 제공된 정보를 기반으로 한 것이며, 계약서 및 실제 거래 내용 확인을 통해 최종적용이 달라질 수 있습니다.

결론만을 검토하겠습니다. 위험 요인으로 위약금을 통한 가격 분할이 리스크가 될 수 있다는 지적은 적절합니다. 세무 전략으로 전용기기와 컨텐츠를 통합하여 가격 표시하도록 하고 위약금에 대해 재화 제공 대가가 아닌 위약벌 성격을 강조하라는 세무 전략도 정확한 진단이라 생각됩니다. 다만, 분량이 길지 않은 것이 불만입니다.

이에 챗GPT의 심층 리서치를 통해 해당 상황에 대한 의견서의 작성을 요청했습니다. 다만, 그 결론은 면과세 여부에 대해 중립적이거나 과세로 판단하였습니다. 이에 부수재화로 보아 면세로 처리하는 결론 하에서 의견서를 작성해 달라고 다시 요청하였습니다. 4단계 목차에 따라 작성되었으며, 결과는 만족스러웠습니다. 하지만, 지면 관계상 목차와 결론만을 제시합니다.

ChatGPT-심층 리서치

경영진에 대한 요약

질의 배경
회사의 거래 개요 및 면세 처리 경위
관련 세법 해석 및 업계 동향

질의 사항

검토

4.1 관련 세법 및 기본 원칙

4.2 부수재화 해당 여부 판단 기준 (유권해석 및 판례)

4.3 당사 전용기기 공급의 적용 검토

4.4 세무 리스크 평가 및 권고 사항

결론 및 요약:

스트리밍 컨텐츠와 함께 제공되는 전용기기의 부가가치세 면제 여부는 해당 기기의 부수재화 해당성에 달려 있습니다. 현행 법령과 해석을 고려할 때, 회사는 전용기기를 부수재화로 보아 면세 처리할 유효한 논거를 갖추고 있습니다. 다만 기기의 독립 사용가능성으로 인한 과세 리스크도 실재하므로, 면세 유지 시 철저한 근거 확보와 내부 통제가 필요합니다. 궁극적으로, 경영진께서는 위 위험과 대응방안을 종합적으로 고려하여 지속적인 면세 정책 유지 여부를 결정하시기 바라며, 당사는 추가 필요한 세무 검토나 후속 조치를 지원할 것입니다.

8. 세무 업무의 대체 가능한 범위

지금까지 세무 업무에 활용할 수 있는 맞춤형 AI 챗봇에 대해 살펴봤습니다. 필자가 제시하는 4가지 주요한 분야는 세무 상담, 예규 검색, 불복이유서·판례평석 등 문서 작성, 추론(논리적 사고)입니다.

그렇다면, AI 챗봇이 현재 세무 업무의 어느 정도까지 커버할 수 있고, 앞으로 어떤 분야의 업무까지 대체 가능할지에 대해 궁금하실 것입니다. 이에 대한 해답으로 필자가 읽은 최신 논문을 기준으로 답변을 드리고자 합니다.[15]

동 논문에서 제시한 연구의 배경은 기존의 AI 성능 평가 기준은 단일 작업이나 정적 지식을 측정하는 데 초점이 맞춰져 있어, 실제 경제적으로 가치 있는 작업이나 복잡한 문제 해결 능력을 충분히 반영하지 못했다는 점입니다.

이 연구에서는 '작업 완료 시간 지평'(Task-Completion Time Horizon)이라는 새로운 지표를 제안하여, AI 모델이 특정 확률(예, 50%)로 완료할 수 있는 과제를 사람이 수행하는 데 일반적으로 걸리는 시간을 측정합니다. 이를 통해 AI 모델이 실제 세계에서의 업무를 수행하는 능력을 보다 현실적이고 직관적으로 평가할 수 있습니다.[16]

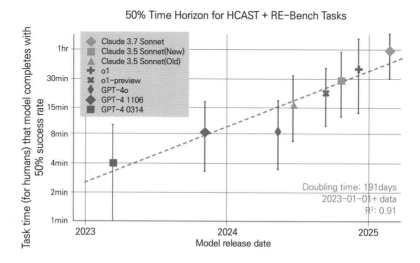

▌ Time horizons on HCAST + RE-bench, for models starting with GPT-4 0314. ▌

동 논문에 따르면 2025년 2월 미국 스타트업 앤트로픽(Anthropic)이 공개한 클로드 3.7 Sonnet 모델은 사람이 59분이 걸리는 과제 중 50%를 성공적으로 수행했습니다. 즉, 59분이 작업 완료 시간 지평입니다. 역으로 말하면 사람에게 1시간 이내의 시간이 소요되는 업무라면 AI 챗봇이 대체할 수 있다는 의미입니다. 더 나아가, AI에게 세무 업무를 부여할 때 사람에게 1시간 이상이 소요되는 업무라면 그 업무를 세부적으로 나누어 1시간 이내로 단축하여야 AI 챗봇이 성공적으로 수행할 수 있다는 뜻입니다.

참고로 위 그래프상의 각 모델별 작업 완료 시간 지평을 비교해 보자면, 오픈AI o1은 약 38분, 챗GPT-4o는 약 8분입니다.

이제 세무업무에 대응해 봅니다. 다음은 필자가 생각하는 세무 업무의 평균 소요 시간입니다.

┃ 세무 업무의 평균 소요 시간 ┃

업무의 종류	평균 소요 시간	AI 모델 대체 가능 여부
세무 상담	20분 ~ 40분	온전히 가능
예규 검색	10분 ~ 30분	온전히 가능
예규심 판단	30분 ~ 2시간	가능
판례 평석 작성	1일 ~ 2일	불가
불복 이유서 작성	2일 ~ 3일	불가

세무 상담이나 예규검색의 소요 시간은 현재 AI 모델의 작업 완료 시간 지평인 1시간 이내이므로 충분히 AI가 해결할 수 있는 업무입니다.

국세예규심사위원회에서 세제실이 제공하는 검토 문서를 기초로 갑설 또는 을설 중 적정한 판단을 고르는 예규심 판단 작업은 전형적인 추론의 영역입니다. 클로드 3.7 Sonnet 모델보다 생각하는 시간이 장시간인 챗GPT의 심층 리서치는 성능상의 우위가 있으므로, 예규심 추론 봇은 동 업무를 수행하는 것이 충분히 가능하다고 봅니다. 심층 리서치는 상위 추론 모델인 o3를 사용하고 리서치에 특화되어 설계된 에이전트라는 강점이 존재하기 때문입니다(54페이지를 참고하세요).

판례 평석이나 불복 이유서를 작성하는 업무의 평균 소요 시간은 작업 완료 시간 지평인 59분을 훌쩍 뛰어넘어 아직은 대체 불가능한 업무로 볼 수 있습니다. 하지만, 앞서 맞춤형 AI 챗봇에서 보았듯이, 양질의 데이터를 제공하면 이러한 업무도 AI가 수행 가능합니다.

불복 이유서를 작성할 때는 기초 자료의 수집, 회사와의 문답 등 기초 작업에 많은 시간이 소요됩니다. 이러한 업무는 AI 챗봇에게 대행시켜 자동화하기는 어렵습니다. 하지만, 기초 작업을 과세관청의 답변서나 세무 대리인의 항변서로 대신하고, 동 문서를 AI 챗봇에게 제공하면 만족할 만한 이유서를 작성할 수 있습니다.

또한, 판례 평석도 논리 전개 등에 참고할 만한 논문이나 보고서 등 참고 문헌의 퀄리티에 따라 판례 평석의 수준이 정해집니다. 이는 별도의 섹션에서 이미 다룬 바가 있습니다(266페이지를 참고하세요).

그렇다면, 기초 조사가 필요한 불복 이유서 작성 업무는 일단 차치하고, 판례 평석 작성 봇의 온전한 사용은 언제쯤 가능해질까요? 지금도 해당 판례와 관련된 논문 등 고급 자료가 존재한다면 만족스러운 판례 평석이 가능하지만, 이러한 외부 자료가 없이도 판례 평석을 법률 전문가 수준으로 작성 가능한 시점을 예상해 보는 것입니다.

앞서의 논문에 따르면, 2019년 이후 주요 AI 모델 13개의 작업 완료 시간 지평은 약 7개월마다 두 배로 증가해 왔으며, 2024년에 들어와서는 AI의 발전 속도가 더욱 빨라져 최신 모델의 시간 지평이 약 3개월마다 2배씩 증가하고 있다고 밝혔습니다. 이러한 추세가 지속된다면 2029년 무렵이면 한 달 정도 소요되는 과제들을 AI 모델이 수행할 수 있을 것으로 전망했습니다.

하지만, 판례 평석의 작성에는 2일, 시간으로 환산하면 16시간이 걸리므로, 배증하는 데 3개월이 걸린다는 가정 하에서 4번만 배증하면 1시간이 16시간으로 증가합니다. 즉, 1년 이내에 판례 평석 작성 봇을 세무 상담 봇 사용하듯이 활용할 수 있을 것으로 기대합니다.

제6장

AI가
가져올 변화

제6장

AI가 가져올 변화

1. B2B 영역에서 개화되는 AI

먼저 가벼운 주제부터 시작해 보겠습니다.

'AI 혁명은 소비자 혁명이 아닌 생산자 혁명'이라는 문구는 AI 도입기인 현 시기를 잘 설명해 주고 있다고 생각합니다. 즉, AI 혁명은 소비자가 아닌 생산자로부터 시작된다는 이야기입니다. 비교하자면, 2009년 아이폰 3GS로부터 촉발된 모바일 혁명은 소비자 가치를 증진시키는 소비자 혁명이었습니다. 모바일 쇼핑, SNS 등을 떠올리시면 됩니다.

많은 사람들이 AI를 소비자 중심의 기술, 예를 들어 챗GPT나 인공지능 비서 같은 B2C 서비스로 인식하지만, 실제로는 기업을 대상으로 하는 B2B 영역에서 먼저 본격화되고 있습니다. AI가 가져오는 변화는 소비자의 편의를 위한 혁신보다는, 생산자의 효율성과 생산성 향상에서 더욱 명확하게 시작되고 있습니다.

세무 분야에서도 AI는 소비자가 아닌 생산자의 입장에서 더욱 혁신적인 변화를 불러옵니다. 예를 들어, AI 기반 시스템은 거래 데이터를 자동 분석하여 세금 신고의 정확도를 높이고 있으며, 세무조정을 단 3분 만에 끝내는 AI 세무조정 서비스가 출시되었다고 합니다.[17] 본서에서도 세무 상담, 예규 검색, 조세불복 이유서 작성 등 세무 업무를 대신해 주는 AI 챗봇을 만드는 방법을 다루고 있습니다.

이제는 세무 대리인이 반복적이고 단순한 작업에서 벗어나 더욱 전략적이고 창의적인 업무에 집중할 때입니다. B2B 영역에서는 소수의 사람들만이 직접 AI를 활용하기 때문에 대중이 AI의 변화를 체감하기 힘들 수 있습니다. 눈과 귀를 열어 세상의 변화에 더 예민해져야 합니다.

2. 프리랜서에겐 필수

인공지능이 사람을 추월한 바둑 분야를 보겠습니다. 구글의 알파고가 이세돌 9단을 이긴 2016년 3월 이후로, 절예를 비롯한 다양한 AI 바둑 프로그램이 인간 최고수를 압도하며, AI의 뛰어난 데이터 분석력, 패턴 인식 능력 등을 증명하였습니다.

인공지능 이전의 바둑 세계에서는 바둑협회의 연구실에서 주로 젊은 기사들을 중심으로 집단 연구를 통해 최신 정석과 포석을 학습했습니다. 하지만, 인공지능의 등장 이후에는 AI 바둑 프로그램이 추천해 주는 수를 홀로 학습하는 방식으로 변화했습니다.

다른 비즈니스에서도 이러한 변화가 오리라 생각합니다. 조직을 구성하여 업무 분장을 통해 과제를 수행하기보다는, 개인이 인공지능의 도움을 받아 사람과 인공지능 간의 업무 분장을 통해 업무를 수행하는 프리랜서가 증가할 것이라고 봅니다.

또한, AI가 도입됨에 따라 B2B 영역에서의 필요성은 업무를 수행하는 사람의 위치와 역할에 따라 뚜렷한 차이를 보일 것으로 생각합니다. 특히 다수의 주니어 스텝을 관리하며 직접 업무를 수행하지 않는 중간관리자 이상 직급의 사람들은 AI의 필요성을 느끼기 쉽지 않습니다. 반면, 실제 업무를 직접 수행하는 실무자나 나 홀로 개업한 1인 세무 대리인에게 AI는 필수적이고 강력한 지원군이 되어 줄 것입니다.

일상 업무의 대부분을 차지하는 단순한 세무 자료 입력, 예규·판례 검색, 세무 상담, 이메일 작성 등을 스스로 수행하여야 하는 경우 시간의 압박과 피로감을 느끼게 됩니다. 이 과정에서 AI를 활용하면 반복적이고 시간 소모적인 업무를 자동화하고, 복잡한 법 규정과 사례를 빠르게 분석하여 문제를 정확히 진단하거나 새로운 관점을 얻을 수 있습니다.

AI 활용 능력은 앞으로의 세무 시장에서 개인의 전문성을 차별화하는 핵심 요소가 될 것으로 생각됩니다.

3. 주니어 스탭을 대체할까

 AI는 실무를 수행하는 주니어 스탭에게 가장 큰 혜택을 주지만, 동시에 AI는 매우 높은 허들로 작용할 수 있습니다. 인공지능과 사람 사이의 새로운 경주가 시작되었습니다.

 바둑을 다시 한번 보겠습니다. 바둑 리그에서는 인공지능을 포함하지 아니한 채 여전히 사람들만의 리그를 벌이고 있습니다. 사람들만의 바둑 리그에서는 인공지능은 단순히 해설을 위한 보조 도구에 불과합니다. 월드컵 축구와 달리 올림픽 축구에서 만 23세의 연령 제한을 두는 것처럼 바둑 세계에서는 인공지능의 출전을 금지합니다.

 실제 비즈니스 세상에서 인공지능이 인간을 추월해도 바둑과 같은 일이 발생할 수 있을까요? 그럴 수는 없다고 생각하실 겁니다.

 미국의 빅테크 기업인 구글이나 메타에서 AI가 초·중급 개발자를 대신하여 이미 코딩을 대신하게 하거나 앞으로 대체할 것이라는 뉴스가 있습니다. 챗GPT로 인해 번역 업무를 담당하던 한 회사의 직원 12명이 해고당했다는 기사도 있습니다. 비교적 고난이도 업무를 수행하는 것으로 알려진 코딩 개발자, 번역자들도 직장을 잃는 위험에 처해 있습니다.

 본서의 맞춤형 AI 챗봇 사례에서 보는 것처럼 세무 업무에서도 주니어 스탭을 대신하여 AI가 기초 리서치 등의 업무를 수행할 수 있는 시대가 왔습니다. 하지만, AI의 발전에도 아직 한계는 존재합니다. 10년 이상의 경력을 가진 중간 관리자급 이상의 세무 전문가들이 수행하는, 복잡한 문제에 대한 판단력과 창의적 문제 해결 능력은 아직 AI가 따라잡지 못한 영역입니다. 세법의 미묘한 해석 차이, 고객의 특수성을 반영한 맞춤형 자문, 리스크 관리와 같은 고차원의 분석 및 판단은 여전히 숙련된 전문가를 요구합니다.

결국, AI 시대에 살아남을 세무 전문가가 되기 위해서는 AI의 장단점을 명확히 이해하고, AI의 결과물을 철저히 검증할 수 있으며, 동시에 인간 특유의 통찰력을 더할 수 있어야 합니다. AI가 생성한 데이터를 맹목적으로 신뢰할 수 없기에, 이를 검토하고 오류를 찾아내며 보다 정밀한 판단과 결정을 내리는 역량을 갖춘 전문가가 되어야 합니다.

앞서 제2장 챗봇의 종류에서 살펴본 인공일반지능(AGI)은 조만간 우리에게 현실로 다가올 것입니다. AGI의 출현 시기에 대한 예측은 점점 빨라지고 있어, 현재는 5년 안으로 올 것이라는 의견도 있지만, 빠르면 2026년이라는 전문가도 있습니다. 바로 내년입니다. 하지만 그전까지는 인공지능을 활용해 최대한의 업무 효율성을 발휘하는 것이 우리의 책무라고 생각합니다.

4. 양극화

필자는 양극화라는 단어를 1980년대부터 지금까지 지속적으로 들어왔습니다. 레이건의 신자유주의 정책에 따라 양극화가 시작되었으며, 정권이 바뀐 1990년대 클린턴 정부에서도 고용 없는 회복

(Jobless Recovery)이 나타나면서 중간 기술 직종의 고용 비중이 감소하였고, 고기술 및 저기술 직종의 고용 비중이 증가하였습니다. 한국도 1998년 IMF 위기를 통해 자영업자와 중산층이 몰락하는 극심한 양극화를 경험했습니다.

21세기 들어 잠시 주춤했던 양극화는 2008년 금융위기의 회복 과정에서 심화되어 월가를 점령하라(Occupy Wall Street)라는 시위로 발전하였습니다. 이와 같이 양극화는 경기 침체기에 집중적으로 발생하는 경향이 있습니다. 2020년 코로나 회복기에도 비대면 업무가 가능한 고숙련직은 경미한 타격을, 저숙련 서비스업 종사자는 심각한 타격을 받았습니다.

그런데, 지금 AI가 또 다른 양극화를 만들어 낼 가능성이 높습니다. 인공지능이 세무 업무에 도입되면 앞서 본 것처럼 주니어 스탭들에게 커다란 허들로 다가옵니다. 하지만, AI가 처리한 결과를 검토하거나 분석하는 업무에서 오랜 경험을 가진 세무 전문가들을 여전히 필요로 합니다. 이러한 변화는 세무 업계 내부의 양극화를 심화시킬 수 있습니다.

AI를 잘 다루고 활용하는 능력을 갖춘 세무 대리인은 더욱 높은 가치를 인정받으며 경쟁력을 갖추게 되지만, 그렇지 못한 사람은 도태될 위기에 빠질 수 있습니다.

이에 세무업계 종사자뿐 아니라 지식 노동자, 화이트칼라 노동자는 AI 기술과의 공존을 준비해야 합니다. AI가 대체할 수 없는 인간 고유의 판단력과 창의성, 그리고 복잡한 문제를 해결하는 고급 지식을 습득하여 자신만의 경쟁력을 갖추어야 합니다. 기술과 인간의 장점을 융합하여 새로운 가치를 창출하는 능력이 요구됩니다.

5. 파괴적 혁신

지메일의 창시자인 폴 부케이트(Paul Buchheit)는 "AI는 본질적으로 파괴적인 기술"이라고 말합니다.[18]

세무 분야에서 AI 챗봇의 활용을 주저하는 것은 단순히 기술적으로 뒤처진다는 것을 의미하지 않습니다. 이는 결국 경쟁자들에게 자신의 지위를 내어주는 파괴적 결과로 이어질 가능성이 큽니다.

2016년 알파고를 세상에 알리면서 한때 AI의 선두 주자였던 구글의 예를 보겠습니다. 그러나, 구글은 황금알을 낳는 시장인 검색 광고의 주도적 지위를 지키기 위해 AI 검색의 도입을 지연하였고, 2023년 이후에야 'AI 오버뷰' 등 생성형 AI 검색 기능을 도입했습니다. 이 기간 동안 후발 주자인 서치GPT와 퍼플렉시티 등 AI 기반 검색 서비스가 빠르게 시장을 잠식하며 구글의 시장 지위를 위협하는 상황이 벌어졌습니다. 그 결과, 구글의 미국 내 검색 광고 시장 점유율은 지속적으로 하락하고 있으며, 앞으로도 내려갈 것으로 전망됩니다.

전통적인 세무 업무는 전문가의 지식과 경험을 바탕으로 이루어져 왔습니다. 그러나 AI 챗봇의 등장은 이러한 업무 방식을 근본적으로 바꿀 수 있다고 봅니다. AI는 방대한 세법 데이터를 신속히 분석하고, 복잡한 세무 상담과 보고서 작성을 인간보다 효율적이고 정확하게 수행할 수 있습니다. 이는 단순한 업무 효율화를 넘어 세무 서비스 제공 방식 자체를 근본적으로 변화시키는 창조적 파괴 형상이라 할 수 있습니다.

본서에서 살펴본 AI 챗봇과 맞춤형 챗봇은 예규·판례 검색, 세무 상담 및 문서 작성 등의 영역에서 기초 리서치를 충분히 지원해 줄 뿐 아니라 비교적 단순한 업무에 대해서는 에이전트로서 세무 대리인을 대신해 줄 수 있는 수준에 이르렀습니다.

세무 전문가에게 AI 챗봇은 위협이 아닌 기회가 되어야 합니다. 구글의 사례처럼 현재의 지위를 지키기 위해 혁신을 거부하는 것은 결국 더 큰 위기를 초래할 수 있습니다. 초기 단계에서는 혼란과 불확실성이 존재하더라도, 적극적으로 AI 챗봇을 수용하고 활용하는 것이 장기적인 생존 전략이 될 수 있습니다.

혁신을 두려워하고 망설이는 순간, 이미 경쟁에서 뒤처지게 됩니다. 세무 분야의 미래는 AI 기술과 인간 전문성 간의 시너지를 필요로 합니다.

1장

1. Chain of Thought를 종전에는 생각의 사슬로 번역하였으나 직역이라 뜻의 전달이 어렵습니다. 이에 순차적 사고라는 의역이 보다 직접적인 설명이 가능하므로 동 표현을 사용합니다.

2장

2. Evan Bailyn, "Top Generative AI Chatbots by Market Share - March 2025", 2025.3.6.

https://firstpagesage.com/reports/top-generative-ai-chatbots/

3. 파파누보, "OpenAI o3-mini: 빠르고 강력한 소형 AI 모델의 새로운 표준", 2025.2.1.

https://digitalbourgeois.tistory.com/735

4. DeepSeek-AI, 「DeepSeek-R1: Incentivizing Reasoning Capability in LLMs via Reinforcement Learning」, 2025.

5. Julia Wiesinger 외 2인, 「Agents」, 2024.

6. AI타임스, "오픈AI, AGI로 가는 5단계 공개…우리는 2단계 직전", 2024.7.12.
https://www.aitimes.com/news/articleView.html?idxno=161532

7. Priya Ranjani Mohan, "What is LLM? What are Token Limits? A Comparative Analysis of Top Large Language Models", 2023.8.3.

https://www.linkedin.com/pulse/what-llm-token-limits-comparative-analysis-top-large-language-mohan/;

Albert Jeremy, "How to Estimate Text Length in A4 Pages from Token Count", 2024.9.13.

https://www.linkedin.com/pulse/how-estimate-text-length-a4-pages-from-token-count-albert-jeremy-n0iwc/

3장

8. 오픈AI https://platform.openai.com/docs/guides/prompt-engineering ;
구글 https://ai.google.dev/gemini-api/docs/prompting-strategies?hl=ko ;
앤트로픽 https://docs.anthropic.com/en/docs/build-with-claude/prompt-engineering/chain-prompts#example-analyzing-a-legal-contract-with-chaining ;
마이크로소프트 https://learn.microsoft.com/ko-kr/copilot/security/prompting-tips
김덕진, 「챗봇2025 트렌드&활용백과」, 스마트북스, 2024.06.

4장

9. OpenAI Developer Community, "Web Search button missing in ChatGPT Projects", 2025.3.27.
https://community.openai.com/t/web-search-button-missing-in-chatgpt-projects/1153285

10. https://help.openai.com/en/articles/10169521-using-projects-in-chatgpt

11. 정순찬, 「2024 조세심판 실무 가이드」, 한국공인회계사회, 2024

5장

12. 김앤장, 「조세실무연구10」, 2019, pp. 192-203.

13. 한국공인회계사회, 「2023 최신 세무판례 해설」, 2023, pp. 130-136.

14. ibid., pp. 110-114.

15. Thoma Kwa, 「Measuring AI Ability to Complete Long Tasks」, 2025.3.18.

16. nature, "AI could soon tackle projects that take humans weeks", 2025.3.19.
    https://www.nature.com/articles/d41586-025-00831-8

6장

17. 택스워치, "반나절 걸리던 세무조정을 3분 만에⋯ONE AI '감탄'", 2025.
    03.05.
    https://www.taxwatch.co.kr/article/tax/2025/03/05/0002?_
    ga=2.33343422.1480235229.1742088599-1088193511.1740001767

18. 연합인포맥스, "지메일 창시자가 말하는 구글이 AI 경쟁에 뒤처진 이유",
    2024.8.12.
    https://news.einfomax.co.kr/news/articleView.html?idxno=4320900

최 문 진

한국, 미국공인회계사

서울대학교 경영학과를 졸업한 뒤, 1993년 한국공인회계사, 2003년에는 미국 캘리포니아주 공인회계사 자격을 취득했습니다. 오랜 시간 세무회계의 길을 걸으며, 현재는 우리회계법인 세무본부 이사로 활약하고 있습니다.

기획재정부 국세예규심사위원회 민간위원, 한국공인회계사회 세무편람 집필위원, 국세연구위원회 연구위원 등 다양한 위원회에서 활발히 활동해왔고, 세무포털 택스넷과 한국공인회계사회의 세무상담위원이었으며, 택스넷에서 BEST 상담위원으로도 인정받았습니다. 또한, 한공회 회계연수원과 이택스, AIFA비즈넷 등에서 강사로 활동하였습니다.

2025년 납세자의 날에는 세정협조 부문 대통령상을 수상하며, 그간의 공로를 인정받기도 했습니다. 영화조세통람사 조세편람 편집위원, 삼진식품(주) 사외이사로도 활동하며, 현장과 학계를 넘나드는 폭넓은 경험을 쌓아왔습니다.

저서로는 「조세특례제한법 해석과 사례(2024, 제10판)」, 「주식매수선택권 및 주식기준보상 세무가이드(2023, 공저)」 등이 있으며, 실무와 이론을 아우르는 집필로 독자들에게 신뢰받는 세무 전문가로 자리매김하고 있습니다.

AI 세무 실전 가이드 - 세무 업무의 파괴적 혁신

저　　　자	**최문진**
발　행　인	**서원진**
책 임 편 집	**이미영**
책 임 교 정	**김영림**
편집 · 교정	**류현수, 김영림**
편집디자인	**이은희, 이미영, 황자애**
발　행　처	**(주)조세통람**
펴　낸　날	**2025년 5월 23일 초판 1쇄 발행**
주　　　소	**서울특별시 중구 동호로 14길 5-6(신당동)**
등　　　록	**1976. 11. 5. 제9-81호**
대 표 전 화	**02) 2231-7027**
F　A　X	**02) 2231-7994**
구 입 문 의	**02) 2231-7027**
I S B N	**979-11-6064-353-4 03320**
정　　　가	**28,000원**

(주)조세통람 발행도서는 정확하고 권위 있는 해설 및 정보의 제공을 목적으로 하고 있습니다. 그러나 항상 그 완전성이 보장되는 것은 아니기 때문에 적용결과에 대하여 당사가 책임지지 아니합니다. 따라서 실제 적용할 경우에는 충분히 검토하시고 저자 또는 전문가와 상의하시기 바랍니다.